Helmar Schöne, Klaus Detterbeck (Hg.)

Europabildung in der Grundschule

Helmar Schöne, Klaus Detterbeck (Hg.)

Europabildung in der Grundschule

Bibliografische Information der Deutschen Nationalbibliothek

Die Deutsche Nationalbibliothek verzeichnet diese Publikation in der Deutschen Nationalbibliografie; detaillierte bibliografische Daten sind im Internet unter http://dnb.d-nb.de abrufbar.

© WOCHENSCHAU Verlag,
  Dr. Kurt Debus GmbH
  Frankfurt/M. 2018

www.wochenschau-verlag.de

Alle Rechte vorbehalten. Kein Teil dieses Buches darf in irgendeiner Form (Druck, Fotokopie oder einem anderen Verfahren) ohne schriftliche Genehmigung des Verlages reproduziert oder unter Verwendung elektronischer Systeme verarbeitet werden.

Umschlaggestaltung: Ohl Design
Gedruckt auf chlorfrei gebleichtem Papier
Gesamtherstellung: Wochenschau Verlag
ISBN 978-3-7344-0687-4 (Buch)
E-Book ISBN 978-3-7344-0688-1 (PDF)

Inhalt

HELMAR SCHÖNE, KLAUS DETTERBECK
Europabildung in der Grundschule:
Einleitende Überlegungen 7

I   Konzeptionen

GEORG WEISSENO
I.1   Die Europäische Union im kompetenzorientierten
Sachunterricht 19

THOMAS GOLL, EVA-MARIA GOLL
I.2   Europapolitische Bildung im Sachunterricht – Überlegungen
zum konzeptuellen Wissenserwerb 32

SUSANN GESSNER, UWE GERHARD UND JETTE STOCKHAUSEN
I.3   Europabildung als interkulturelles und entdeckendes
Lernen im Sachunterricht der Grundschule 44

INKEN HELDT
I.4   Subjektorientierte Europabildung im Sachunterricht der
Grundschule – ein Vorschlag 54

II   Europawissen von Kindern

SIMONE ABENDSCHÖN, MARKUS TAUSENDPFUND
II.1   Was wissen Kinder von Europa? 69

ANNE FUCHS, KLAUS DETTERBECK UND HELMAR SCHÖNE
II.2   Wissen und Präkonzepte von Viertklässlern über
Europa und die EU 87

MONIKA OBERLE, SVEN IVENS UND JOHANNA LEUNIG
II.3   EU-Planspiele in der Grundschule –
Ergebnisse einer Interventionsstudie 101

Ein Zwischenruf

STEFAN IMMERFALL
EU-Bildung zwischen Affirmation und Skepsis –
wie kritisch soll der EU-Unterricht sein? 119

III Unterrichtspraxis

JULIA KRISTIN DÖRNER
III.1 Wie Europabildung in der Grundschule gelingt.
Empirische und praktische Erkenntnisse 135

STEFANIE KESSLER
III.2 Vorurteilsbewusstes Lernen in der Europabildung im
Sachunterricht 149

ANKE GÖTZMANN
III.3 Unterricht mit Concept Maps zur Europäischen Union 160

Verzeichnis der Autorinnen und Autoren 174

HELMAR SCHÖNE UND KLAUS DETTERBECK

Europabildung in der Grundschule: Einleitende Überlegungen

1. Herausforderungen der frühen Europabildung

Dieser Band beschäftigt sich mit der Frage, wie eine politische Europabildung in der Grundschule gelingen kann. Sein Titel – Europabildung in der Grundschule – spricht gleich zwei Entwicklungsbereiche an: Trotz einiger in den letzten Jahren erschienenen Publikationen zur Europabildung (Frech et al. 2014, Oberle 2015), wird erstens kaum jemand dem Befund widersprechen, dass die Themen „Europa" und „Europäische Union" im Schulalltag und in der Unterrichtspraxis – ganz unabhängig von der Klassenstufe – immer noch nicht die Rolle spielen, die der Bedeutung des europäischen Institutionensystems für den Alltag der Bürger_innen in Deutschland und den EU-Mitgliedstaaten angemessen wäre.

Eine besondere Aufgabe stellt zweitens die Europabildung für die Grundschule dar, weil im Sachunterricht der Primarstufe Aspekte des politischen Lernens generell ein Randdasein fristen. Im Grunde lässt sich hier eine ähnliche Beobachtung machen: Zwar gab es in den letzten zwei Dekaden viele Veröffentlichungen, die versucht haben, die Politische Bildung in der Grundschule in den Mittelpunkt der Aufmerksamkeit von Fachdidaktiker_innen und Lehrer_innen zu rücken (u.a. Richter 2007, Reeken 2005), aber nach wie vor gilt, dass politisches Lernen mit Grundschulkindern in der Unterrichtsrealität nur selten stattfindet. Insofern stellt Europabildung in der Grundschule eine doppelte Herausforderung dar.

Dabei sind die Rahmenbedingungen für eine Europabildung durchaus gegeben, jedenfalls wenn wir zunächst an die bildungspolitischen Rahmenvorgaben denken. Mit dem politischen Wunsch, die vorhandene Distanz vieler Bürger_innen zur EU zu verringern, wird den Schulen die Aufgabe gestellt für nachfolgende Generationen „ein Bewusstsein europäischer Zusammenhänge" entstehen zu lassen (Kultusministerkonferenz 2008). Europa und die Europäische Union haben nicht nur Einzug in bildungspolitische Verlautbarungen und Rahmensetzungen gehalten, sondern sind relativ breit in den Bildungsplänen aller Schularten verankert. Schon im Rahmen der großen Civic-Education-Studie

1999 (Oesterreich 2002) wurde festgestellt, dass die Europäische Union in den Lehrplänen zu den häufig thematisierten Gegenständen zählt – und das nicht nur in der Politischen Bildung, sondern ebenso in Fächern wie Geschichte und Wirtschaftskunde.

Gilt das auch für die Grundschule? Bei der Beantwortung dieser Frage finden sich unterschiedliche Perspektiven: Richter kritisiert, dass in den Bildungsplänen das Thema Europa „selten auf politisches Lernen bezogen (ist), und wenn dies der Fall ist, dann wird die Behandlung im Unterricht als Möglichkeit freigestellt" (Richter 2015, S. 112). Diese Sichtweise bezweifelt das Vorhandensein eines ausreichend verpflichtenden Rahmens.

Andererseits gibt es aber kaum einen Bildungsplan, in dem nicht die Möglichkeit eröffnet würde, auch politische Aspekte im vielperspektivischen Sachunterricht über Europa zu behandeln. Im baden-württembergischen Fall etwa wird erwartet, dass Kinder „sich entwicklungsangemessen mit aktuellem Zeitgeschehen auseinandersetzen" (Bildungsplan der Grundschule Baden-Württemberg 2016, S. 37). In Rheinland-Pfalz sollen die Kinder „Räume in ihren politischen Grenzen kennen (Gemeinde/Kommune, Rheinland-Pfalz, Deutschland, Europa, Welt)" (Rahmenplan Grundschule Rheinland Pfalz 2006: 26). In Berlin und Brandenburg werden „für das fächerverbindende Arbeiten (…) insbesondere Themen zur Umwelt und zu Europa empfohlen" (Rahmenlehrplan Grundschule Berlin und Brandenburg 2004, S. 22). Liegt vor diesem Hintergrund das eingangs skizzierte Defizit einer unterentwickelten Europabildung in der Schulpraxis am Fehlen konkreter verbindlicher Vorgaben in den Curricula oder eher an den Lehrkräften, die den gegebenen Möglichkeitsraum nicht ausfüllen – und das auch deshalb nicht tun, weil sie von der Bildungspolitik zwar den Auftrag zu Vermittlung des europäischen Gedankens erhalten, bei der Ausführung aber weitgehend alleine gelassen werden?

Ein Mangel an zur Verfügung stehenden Unterrichtsmaterialien ist jedenfalls keine schlüssige Begründung dafür, dass die Behandlung der EU im Unterricht als unbeliebt gilt und nicht wenige Lehrer_innen EU-Themen scheuen. Im Gegenteil: Über den Schulbuchmarkt hinaus steht für die Thematisierung von Europa im Schulunterricht eine enorme Menge an Unterrichtsmaterialen für verschiedene Klassenstufen zur Verfügung. Schier unüberschaubar ist inzwischen das Internet-Angebot zum Unterrichten über Europa und die EU. Europa-Planspiele füllen ganze Datenbanken (Bundeszentrale für politische Bildung o.J.). Die eigentliche Herausforderung besteht für Lehrer_innen daher heute nicht darin, Material zu finden, sondern Orientierung im Dickicht der zahlreichen Informationsangebote zu erhalten und das Material dann hinsichtlich seiner Qualität zu beurteilen und sinnvoll in einen modernen und abwechslungsreichen Unterricht einzubinden.

Joachim Detjen hat verschiedentlich darauf hingewiesen, dass die Gründe für die Schwierigkeiten Europa im Unterricht zu vermitteln auch im Gegenstand selbst liegen. Unter dem Stichwort der „europäischen Unübersichtlichkeiten" hat er aufgezeigt, dass die Europäische Union ein besonders herausfordernder Unterrichtsgegenstand ist – für Schüler_innen, aber eben auch für Lehrer_innen. Das beginnt bei der verwirrenden Begrifflichkeit und setzt sich fort über das eigenartige Institutionensystem, die schwer durchschaubare Zuständigkeitsverteilung im Mehrebensystem bis hin zu den komplizierten und sich dynamisch immer wieder verändernden Entscheidungsverfahren (Detjen 2004). Hinzu kommt für Lehrer_innen die Schwierigkeit zu entscheiden, wie in der europapolitischen Bildung mit Europa- bzw. EU-skeptischen Positionen zu verfahren ist. Weder ist Europa mit der EU identisch noch sind EU-kritische dasselbe wie europaskeptische Positionen. Die Grundsätze des Beutelsbacher Konsens sprechen eine eindeutige Sprache, wie mit solchen Positionen umzugehen ist. Aber die Vorgaben der Bildungspolitik und auch ein Großteil der verfügbaren Unterrichtsmaterialien sind eindeutig „pro EU" ausgelegt, nicht zuletzt weil sie einschlägig gesponsert werden.

So mag der Respekt vor dem Gegenstand auch dazu führen, ihn im Unterricht eher zu vermeiden. Das wird vor allem dort der Fall sein, wo Unterricht fachfremd stattfindet. In der Grundschule führt das Klassenlehrerprinzip vielfach dazu, dass über Europa und die EU von Lehrkräften unterrichtet wird, die entweder das Fach Sachunterricht gar nicht studiert haben oder die im Studium des Sachunterrichts mit Aspekten der Politischen Bildung nur am Rande in Berührung gekommen sind. Weil die Komplexität der EU die Lehrenden vor außergewöhnliche Herausforderungen stellt, ist der fachfremde Unterricht für die Europa-Bildung in besonderem Maße ein Problem.

Eine andere Herausforderung stellt der fächerübergreifende Unterricht dar. Prinzipiell lädt die Forderung der Kultusministerkonferenz (2008), dass „alle Fächer und Lernbereiche der Schule" einen Beitrag „zur Erschließung der europäischen Dimension in Unterricht und Erziehung leisten" sollen, zur Kooperation zwischen Politischer Bildung und anderen Fächern (beispielhaft genannt seien hier nur das Fach Deutsch, der Fremdsprachenunterricht oder das Fach Religion) ein. Aber auch diesbezüglich müssen wir große Diskrepanzen zwischen dem Wünschenswerten und der Unterrichtsrealität feststellen. Die marginale Rolle des politischen Lernens im Sachunterricht der Grundschule erschwert auch die fächerübergreifende Kooperation. Europa-Themen werden in der Regel nicht fächerübergreifend aufbereitet. Ein fruchtbarer Ansatz mag hier in der stärkeren Verknüpfung der generellen Debatte um das Politiklernen in der Grundschule mit der spezifischer auf das Thema Europa ausgerichteten Diskussion um die Perspektiven eines modernen Europaunterrichts in der Sekundarstufe bestehen.

Aufgrund der skizzierten Ausgangslage müsste der Bedarf nach Fortbildungen für Lehrer_innen zu europäischen Themen hoch sein: Lehrer_innen sind gefordert, sich über aktuelle Entwicklungen des europäischen Erweiterungs- und Vertiefungsprozesse auf dem Laufenden zu halten. Fachfremd unterrichtende Lehrkräfte benötigen Angebote, in denen Grundlagenwissen zur EU vermittelt wird. Fortbildungsangebote könnten Erkenntnisse der Politikdidaktik und der Lehr-Lern-Forschung für die Anwendung in europazentrierten Unterrichtseinheiten verfügbar machen. Die Fülle der zur Verfügung stehenden Unterrichtsmaterialien, das vergrößerte Angebot an Medien und Methoden zum Thema Europa sowie die große Zahl an Förderprogrammen für Europa-Projekte fordern zudem Veranstaltungen, die den Teilnehmenden Orientierung in der Angebots-Vielfalt vermitteln. Das Gegenteil ist der Fall. Jüngst hat eine Studie akribisch nachgezählt und gezeigt, dass das Fortbildungsangebot in allen Bundesländern, in dem Kenntnisse zur Vermittlung der EU im Unterricht angeboten werden, sehr schmal ist (Kessler/Immerfall/Schöne 2015). Inwiefern sich fehlende fachwissenschaftliche und fachdidaktische Kenntnisse durch Fort- oder Weiterbildungen aufwiegen lassen, ist daher mindestens zweifelhaft.

2. Ansätze einer Europabildung in der Grundschule

Wie also lässt sich eine Europabildung, die sich auch politischen Aspekten annimmt, in der Grundschule befördern? Wie lassen sich die Themen Europa, europäische Integration und Europäische Union bereits im Grundschulunterricht umsetzen? Wie lässt sich das Vorhaben gestalten, im Rahmen des Sachunterrichts der Grundschule solche grundlegenden Kompetenzen zu vermitteln, die dann in den weiterführenden Schulen den Erwerb fundierter Kenntnisse über Europa und die Europäische Union ermöglichen? Auf solche Fragen gibt es bislang nur wenig gesicherte Antworten, weder konzeptuell noch empirisch. In welcher Weise das schwierige Unterrichtsthema Europa in die Grundschule integriert werden kann, wie das Politische seinen Raum im Sachunterricht findet und wie es gelingen kann, die Komplexität der europäischen Integration altersgerecht zu reduzieren ohne verzerrend zu simplifizieren, all dies ist bislang nicht abschließend geklärt.

Manche Autoren sehen die Lösung in einem sehr breiten Zugang zum Europathema (Hahn 1992; Büker 1998; Speck-Hamdan 2009; Sander 2005). Sie plädieren dafür, dass sich der Europaunterricht in der Grundschule aus verschiedenen Fachdisziplinen speist. Europa soll als ein zugleich geographisches, historisches, kulturelles, soziales, ökonomisches wie politisches Phänomen betrachtet werden. Die Bausteine der Europabildung sind hier also bunt gemischt. Die Schüler_innen lernen bei der Beschäftigung mit den verschiedenen Facetten des Themas die Vielfalt Europas kennen und besser zu verstehen. Ob es dabei um die Städte, die Sprachen, den Lebensalltag in unterschiedlichen europäischen Ländern oder um unterschiedliche kulturelle Traditionen geht, das Fremde wird bekannt, besser begreifbar, und wenn dies gelingt, besser respektiert und mit Wertschätzung betrachtet. Vielfalt als Bereicherung, so lesen wir es ja auch in den Bildungsplänen für die Grundschule. Pädagogischer Kernbegriff und roter Faden eines solchen Unterrichts ist das interkulturelle Lernen.

Politisch kann ein solcher Unterricht dann werden, wenn aus der Perspektive der Interkulturalität Rückschlüsse auf das Projekt der europäischen Integration gezogen werden. Gerade weil die Partner in der EU so viele Unterschiede haben, weil es eine so enorme Vielfalt gibt, gerade deshalb braucht die Gemeinschaft Regeln, mit denen alle gut leben können. Statt einfacher Mehrheiten bedarf es komplexerer Verfahren und Entscheidungsregeln wollen die Partner ihre Verschiedenheit bewahren, aber dennoch zusammenarbeiten und einander näher rücken. Das EU-Motto der „Einheit in der Vielfalt" drückt dies aus. Und es verweist auf ein weiteres Element, das in den politischen Europaunterricht der Grundschule gehört: Neben der Verschiedenheit gibt es auch das Gemeinsame in Europa, das verbindet und die Integration überhaupt erst möglich macht. Hier ist zu denken an gemeinsame Werte und Traditionen, wie die Grund- und Menschenrechte, Demokratie und Rechtsstaatlichkeit, soziale Sicherung aber auch die Friedensordnung zwischen den europäischen Staaten und das Ziel eines gemeinsamen Binnenmarktes mit seinen vier Freiheiten.

Andere Autoren sprechen sich dafür aus, sich diesen Fragen von Einheit und Vielfalt in Europa direkt zuzuwenden, indem die Europäische Union von Beginn an zentrales Thema des Europaunterrichts wird (Weißeno 2004; Richter 2007; Oberle 2012; Götzmann 2015). Ein solch politikdidaktischer Zugang ist im Vergleich zum interkulturellen Ansatz enger, zugleich aber auch fokussierter. Er betont stärker die politische Dimension des Phänomens und möchte Wissen, Interesse und Offenheit gegenüber Europa sehr viel deutlicher durch eine Beschäftigung mit den Strukturen und Prozessen der EU erreichen. Damit ist dann konkret eine Beschäftigung der Schüler_innen mit den wichtigsten

Organen der EU, der Kommission, dem Europäischen Parlament und dem Rat verbunden.

Auch hier kann an die Alltagswelt der Kinder angeknüpft werden, etwa durch einen falloricntierten Unterricht, bei dem Themen ausgewählt werden, mit denen Grundschulkinder etwas anfangen können. An Beispielen wie dem Umwelt- oder Tierschutz kann gezeigt werden, wie die EU handelt und wann europäische Lösungen für Probleme benötigt werden. Der politikdidaktische Ansatz setzt somit vor die Frage nach dem „Wozu?" des politischen Projektes EU die Frage nach dem „Wie?", also den Institutionen, den Prozessen und Verhandlungsregeln der Union.

3. Gliederung des Bandes

Was bringt die frühe Europabildung besser voran? Behandeln wir Europa in all seinen Facetten oder reden wir in der Grundschule vornehmlich über die EU? Können wir beides zugleich tun und wie verknüpfen wir das dann? Was ist der Gegenstand des Europaunterrichts, was ist seine Methodik und was ist sein didaktisches Ziel?

Um die angesprochenen Problembereiche und aufgeworfenen Fragen zur Europabildung in der Grundschule zu thematisieren, fand am 23. und 24. Oktober 2015 ein Workshop „Europabildung in der Grundschule" an der Pädagogischen Hochschule Schwäbisch Gmünd statt. Die Tagung wurde im Rahmen des von der Europäischen Kommission finanzierten Jean-Monnet-Projekts „Frühe Europabildung: Bausteine für den Unterricht in der Grundschule" (Projektverantwortliche: Klaus Detterbeck, Stefan Immerfall, Helmar Schöne) veranstaltet. Aus den Beiträgen zu dieser Tagung ist der vorliegende Band entstanden.

Das Buch gliedert sich in drei große Teilabschnitte. Der erste Abschnitt, überschrieben mit „Konzeptionen", stellt unterschiedliche fachdidaktische Ansätze zur Behandlung des Themas Europa in der Grundschule vor. Im zweiten Abschnitt finden sich unter der Überschrift „Europawissen von Kindern" empirische Studien zum Vorwissen und zu den Einstellungen von Kindern zu europäischen Gegenständen. Der dritte Teil „Unterrichtspraxis" schließlich gibt Einblick in unterrichtspraktische Erfahrungen und stellt Unterrichtsvorschläge zur Gestaltung von Europabildung vor.

Georg Weißeno eröffnet den ersten Abschnitt des Bandes mit einem Beitrag, der darstellt, wie das Modell der Politikkompetenz (Detjen et al. 2012) für die Gestaltung eines kompetenzorientierten Sachunterrichts über die Europäische

Union angewendet werden kann. Ausgehend von den Anforderungen des Perspektivrahmens Sachunterricht lenkt er den Fokus auf den Fachsprachenerwerb und zeigt die Tauglichkeit der Fachkonzepte „Europäische Integration" und „Europäische Akteure" sowie der zugehörigen Fachbegriffe für die Vorbereitung und Durchführung eines effizienten Grundschulunterrichts auf.

Thomas Goll und *Eva-Maria Goll* präsentieren Überlegungen zum konzeptuellen Wissenserwerb im europabezogenen Sachunterricht der Grundschule. In ihrem Beitrag schlagen sie ein europapolitisches Kompetenzstruktur- und Entwicklungsmodell vor. Anknüpfend an geschichtsdidaktische Überlegungen wird ein dreistufiges Kompetenzmodell präsentiert, das sich auf die Wissensdimension konzentriert. Die Umsetzung des Kompetenzmodells im Sachunterricht wird an einem beispielhaften Unterrichtsthema zum Themenfeld Migration aufgezeigt.

Einen anderen didaktischen Ansatz verfolgen *Susann Gessner, Uwe Gerhard* und *Jette Stockhausen*. In Anlehnung an Wolfgang Sander plädieren sie dafür Konzepte des interkulturellen Lernens und des entdeckenden Lernens als Zugang zum Thema Europa zu verwenden. Europabildung habe sich nicht nur auf die Europäische Union als Institutionensystem zu beziehen; vielmehr sei Europa als ein dynamischer „kultureller, sozialer und politischer Zusammenhang" zu denken. Entsprechend müsse der Grundschulunterricht gewährleisten, Kindern eine erste Idee europäischer Vielfalt zu vermitteln – und das nicht nur in einem Schulfach.

Inken Heldt skizziert Überlegungen zu einem konzeptuellen Rahmen der frühen Europabildung aus einer subjektorientierten Perspektive. Das von ihr favorisierte Modell der Didaktischen Rekonstruktion besteht aus vier rekursiven Untersuchungsschritten: der empirischen Aufgabe des Erfassens von Schüler_innen-Perspektiven, der reflexiven Aufgabe der fachlichen Klärung sachunterricht-didaktisch vermittelter Inhalte, der normativen Aufgabe der Bestimmung des Bildungssinns und der anwendungsbezogenen Aufgabe der didaktischen Strukturierung. So soll ein Prozess angeleitet werden, der zu einem sinnvollen und fruchtbaren Lernen führt, bei dem die Schüler_innen bestehende Konzepte weiterentwickeln können.

Der zweite Abschnitt des Buches unter der Überschrift „Europawissen von Kindern" beginnt mit einem Aufsatz von *Simone Abendschön* und *Markus Tausendpfund*. Sie nutzen dafür Daten der (von ihnen mitgestalteten) Studie „Demokratie Leben Lernen" unter Leitung von Jan W. van Deth, um sich näher mit der Thematik zu beschäftigen. Dabei gehen sie davon aus, dass politische Sozialisation bereits im Grundschulalter stattfindet und Kinder über politische Einstellungen, Wissen und Werte verfügen. Der Fokus der empirischen Studie liegt auf den Unterschieden zwischen Jungen und Mädchen, zwischen Kindern mit und ohne Migrationshintergrund und zwischen Kindern aus verschiedenen sozioökonomischen Milieus bezüglich des Wissens über Europa.

Auch *Anne Fuchs*, *Klaus Detterbeck* und *Helmar Schöne* blicken auf das Europawissen von Grundschüler_innen. Ihre Frage lautet, über welches Vorwissen und welche Präkonzepte Kinder in der vierten Klasse zum Thema Europa und Europäische Union verfügen. Knapp 400 Kinder aus 21 Schulklassen wurden zu den Bereichen „Wissen", „Einstellungen" und „Interesse" befragt, um die bislang sehr überschaubare Forschungslange zur Europabildung von Grundschulkindern auszubauen und die Kenntnisse über die Lernvoraussetzungen von Grundschüler_innen im Sachunterricht zu erweitern. Ein weiterer Fokus wurde auf die Prägefaktoren (Herkunft und Geschlecht) von Wissen und Einstellungen zum Thema Europa gelegt.

Monika Oberle, *Sven Ivens* und *Johanna Leunig* präsentieren die Ergebnisse einer Interventionsstudie, in der Grundschulkinder vor und nach der Teilnahme an einem Europaplanspiel zu ihrem europapolitischen Wissen befragt wurden. Das Planspiel simuliert politische Entscheidungen im Rat, wobei die Lernenden die Rolle von Regierungsvertretern der EU-Staaten einnehmen. Oberle et al. können zeigen, dass das Planspiel das Interesse der Schüler_innen an Politik und an der EU erhöht hat, aber auch höhere Kenntnisse und positivere Einstellungen vermittelt wurden. Die Autoren heben hervor, dass die Kinder berichten nun sehr viel besser die Bedeutung von Kompromissen in der Politik zu verstehen. Die Studie unterstreicht die Potenziale einer dezidiert Politischen Bildung in der Grundschule.

Vor dem dritten Abschnitt mit Beispielen aus der Unterrichtspraxis erfolgt ein „Zwischenruf". *Stefan Immerfall* fragt darin, wie kritisch der EU-Unterricht sein soll. Anhand von vier pointierten Thesen lädt er zur Kontroverse darüber ein, wo sich die Europabildung zwischen Affirmation und Skepsis positionieren sollte. Nach *Immerfall* gibt es zu viel EU-Bildungsmaterialien, die obendrein gegen das Gebot der Kontroversität verstoßen, contra-intentional sind und den eigentlichen Errungenschaften der EU nicht gerecht werden.

Eröffnet wird der mit „Unterrichtspraxis" überschriebene Teil dann mit einem Beitrag von *Julia Kristin Dörner*, der sowohl die Ergebnisse einer empirischen Studie zum politischen Wissen von Viertklässlern als auch Erfahrungen aus der eigenen Praxis als Grundschullehrerin präsentiert. Die Autorin stellt eine Unterrichtseinheit als Best-Practice-Beispiel vor, die konzipiert wurde, um die Teilnahme von Schüler_innen der dritten Klassenstufe am Europäischen Wettbewerb zu ermöglichen. Anhand des Praxisbeispiels zeigt sie, welche

Schritte und Maßnahmen notwendig sind, um das (europa)politische Lernen in der Grundschule zu befördern.

Stefanie Kessler lenkt ihren Blick auf ein spezifisches Ziel der Unterrichtspraxis zur Europabildung. In ihrem Beitrag begründet sie die Erfordernis von vorurteilsbewusstem Lernen. Europabildung habe dazu beizutragen, dass stereotype Europabilder, die Kinder in ihrer Lebenswelt erlangen, aufgegriffen und hinterfragt werden. Als ein geeignetes Konzept dafür wird der Anti-Bias-Ansatz vorgeschlagen, der bereits in verschiedenen Kontexten in Kitas und Grundschulen erprobt wurde. Die Autorin diskutiert den Nutzen des Anti-Bias-Ansatzes für die Europabildung.

Den Band schließen unterrichtspraktische Reflexionen von *Anke Götzmann* ab. Sie stellt die Arbeit mit Concept Maps zur Europäischen Union in Grundschulklassen vor, einer Methode, die unter Grundschullehrkäften kaum geläufig ist. Concept Maps sind eine kognitiv aktivierende Unterrichtsmethode, mit der sich Bedeutungszusammenhänge zwischen Begriffen grafisch darstellen lassen. Im vorliegenden Fall ist es mit den Concept Maps gelungen, den Aufbau von Europawissen der Kinder durch die Verwendung politischer Fachbegriffe zu fördern und den Gesetzgebungsprozess der EU in einer Grundschulklasse der Jahrgangsstufe vier zu thematisieren. Concept Maps werden daher als Methode empfohlen, auch komplexe Zusammenhänge zwischen den europäischen Institutionen Kindern leichter zugänglich zu machen.

Bereits die kurzen Inhaltsangaben machen die Vielfalt der in diesem Buch versammelten Beiträge deutlich. Konzeptuelle Texte stehen neben empirischen Arbeiten und normativen Plädoyers. Der Band versammelt diese Verschiedenartigkeit bewusst, um die Pluralität der Ansätze und die Perspektivenvielfalt in der Diskussion über die Gestaltung von Europabildung in der Grundschule abzubilden.

Die Herausgeber bedanken sich sehr herzlich für die Projektfinanzierung durch das Jean-Monnet-Programm der EU, ohne die dieses Buch nicht entstanden wäre. Ein Dank geht auch an Stefan Immerfall, der neben den Herausgebern zu den Projektverantwortlichen zählte. Im Hintergrund, unter anderem als fleißige Korrekturleser_innen, gewirkt haben die studentischen Hilfskräfte Sebastian Link und Selina Odabas. Dank gebührt schließlich den Autor_innen, die sehr geduldig auf das Erscheinen des Bandes gewartet haben. Und nicht zuletzt möchten wir dem Wochenschau Verlag danken, insbesondere Tessa Debus, die uns in unserem Publikationsvorhaben von Beginn an unterstützt hat.

Schwäbisch Gmünd und Göttingen, August 2018

Literatur

Bildungsplan der Grundschule Baden-Württemberg (2016): Sachunterricht, Stuttgart.

Büker, Petra (1998): Erziehung zu europäischer Verständigung in der Grundschule. Bedingungen, didaktische Konkretisierung, Realisationsmöglichkeiten, Frankfurt/M.

Bundeszentrale für politische Bildung (o. J.): Planspiel-Datenbank, http://www.bpb.de/lernen/formate/planspiele/65585/planspiel-datenbank, Zugriff am 23.11.2017.

Detjen, Joachim (2004): "Europäische Unübersichtlichkeiten" Wie soll die politische Bildung mit der Kompliziertheit und Intransparenz der Europäischen Union umgehen?, in: Weißeno, Georg (Hrsg.): Europa Verstehen Lernen – Eine Aufgabe des Politikunterrichts, Bonn, S. 126–143.

Detjen, Joachim/Massing, Peter/Richter, Dagmar/Weißeno, Georg (2012): Politikkompetenz - Ein Modell, Wiesbaden.

Frech, Siegfried/Kalb, Jürgen/Templ, Karl-Ulrich (Hrsg.) (2013): Europa in der Schule. Perspektiven eines modernen Europaunterrichts, Schwalbach/Ts.

Götzmann, Anke (2015): Entwicklung politischen Wissens in der Grundschule, Wiesbaden.

Hahn, Manfred (1992): Europa in Unterricht und Erziehung der Grundschule, München.

Kessler, Stefanie/Immerfall, Stefan/Schöne, Helmar (2015): Die Europäische Union im Unterricht – das Feld der Lehrer/innen-Fortbildung, in: Zeitschrift für Didaktik der Gesellschaftswissenschaften, H. 1, S. 168–182.

Kultusministerkonferenz (2008): Europabildung in der Schule. Empfehlungen der Ständigen Konferenz der Kultusminister der Länder in der Bundesrepublik Deutschland. Online: http://www.kmk.org/fileadmin/veroeffentlichungen_beschluesse/1978/1978_06_08_Europabildung.pdf, Zugriff am 23.11.2017.

Oberle, Monika (2012): Politisches Wissen über die Europäische Union. Subjektive und objektive Politikkenntnisse von Jugendlichen, Wiesbaden.

Oberle, Monika (Hrsg.) (2015): Die Europäische Union erfolgreich vermitteln – Perspektiven der politischen EU-Bildung heute, Wiesbaden.

Oesterreich, Detlef (2002): Politische Bildung von 14- Jährigen in Deutschland. Studien aus dem Projekt Civic Eudcation, Opladen.

Rahmenlehrplan Grundschule Berlin und Brandenburg (2004): Politische Bildung, Berlin.

Rahmenplan Grundschule Rheinland-Pfalz (2006): Teilrahmenplan Sachunterricht, Mainz.

Reeken, Dietmar von (2005): Politische Bildung im Sachunterricht der Grundschule, in: Wolfgang Sander (Hrsg.): Handbuch politische Bildung, 3. völlig überarbeitete Auflage, Schwalbach/Ts., S. 184–195.

Richter, Dagmar (2007): Welche politischen Kompetenzen sollen Grundschülerinnen und -schüler erwerben?, in: Dies. (Hrsg.): Politische Bildung von Anfang an, Bonn, S. 36–53.

Richter, Dagmar (2015): Poltische EU-Bildung in der Grundschule?, in: Oberle, Monika (Hrsg.): Die Europäische Union erfolgreich vermitteln – Perspektiven der politischen EU-Bildung heute, Wiesbaden, S. 111–120.

Richter, Dagmar (Hrsg.) (2007): Politische Bildung von Anfang an, Bonn.

Sander, Wolfgang (2005): Europa denken lernen. Die „Neue Renaissance" und die Aufgaben der politischen Bildung, in: Weißeno, Georg (Hrsg.): Europa verstehen lernen. Eine Aufgabe des Politikunterrichts, Schwalbach/Ts., S. 158–171.

Speck-Hamdan, Angelika (2009): Europäisierung als Perspektive: Die Balance zwischen Einheit und Vielfalt, in: Röhner, Charlotte/Henrichwark, Claudia/Hopf, Michaela (Hrsg.): Europäisierung der Bildung. Konsequenzen und Herausforderungen für die Grundschulpädagogik, Wiesbaden, S. 21–29.

Weißeno, Georg (2004): Konturen einer europazentrierten Politikdidaktik – Europäische Zusammenhänge verstehen lernen, in: Ders. (Hrsg.): Europa verstehen lernen. Eine Aufgabe des Politikunterrichts, Bonn, S. 108–125.

I. Konzeptionen

GEORG WEISSENO

Die Europäische Union im kompetenzorientierten Sachunterricht

1. Einleitung

Beim Thema Europa werden in Schulbüchern und Materialien meist Kochgerichte vorgestellt oder Länderkunde betrieben. „Es wird nach der Anzahl der europäischen Länder, nach hohen Bergen, großen Flüssen usw. gefragt. Die nächste Aufgabe beschäftigt sich mit typischen Speisen aus verschiedenen europäischen Ländern. Gesucht wird jeweils nach deren Herkunftsland. Dabei sind bekannte Gerichte wie Baguette oder Pizza, aber auch weniger bekannte wie Borschtsch aufgeführt" (http://www.sachunterricht-grundschule.de/Europa-und-seine-Besonderheiten-Unterrichtsmaterialien.htm, aufgerufen am 10.6.2016). Dieser Unterricht ist unpolitisch. Genauso unpolitisch sind Aufgaben wie ‚Bastle deine EU-Flagge' oder ‚Zwei Brieffreunde unterwegs in Europa'. Das politische Europa kommt als Europäische Union dabei nicht in den Blick. Der Mangel an politischer Europabildung in der Schule steht in Widerspruch zu dem klar erkennbaren Willen der Politik, das Thema in die Lehrpläne der verschiedenen Schularten zu tragen (Schöne/Immerfall 2014, S. 55-58).

Die Vermittlung relevanter politischer Wissensbestände und Fertigkeiten in unterrichtlichen Anforderungssituationen zählt zu den Anliegen des Sachunterrichts. Politische Themen wie in unserem Fall die Europäische Union kommen in den Schulbüchern selten vor. Für die individuellen Lern- und Lebenschancen ist die Förderung politischer Kompetenzen schon in der Grundschule notwendig. Die Grundschüler/-innen schauen (Kinder-)Nachrichten, begegnen Wahlplakaten, erkunden politische Institutionen in der Gemeinde oder im Urlaub, werden mit der Griechenland- und Flüchtlingskrise konfrontiert, wollen mehr über aktuelle Kriege erfahren usw. Politik ist präsent und in Form von Schlagwörtern bekannt (van Deth et al. 2007; Vollmar 2012). Politik ist heute selbstverständlicher Teil der Lebenswelt der Kinder. Der Tatbestand, dass Politik alltäglich über die Medien präsent ist, wird in der Praxis aber mit dem Argument der Lebenskreise meistens ignoriert.

Dies mag mit der Erfahrung zusammenhängen, dass Grundschüler/-innen von der Begriffswelt der Nachrichten zunächst überfordert sind. Sie benötigen Aufklärung und Hilfestellung im Sachunterricht, damit das natürliche kindliche Interesse an den politischen Fragen der Erwachsenen nicht in Desinteresse umschlägt. Kinder nehmen die demokratische Ordnung wahr, so wie sie über Medien, Parteien oder Familien dargestellt wird. Viele kennen den Namen des Bürgermeisters/der Bürgermeisterin ihrer Gemeinde und sind im Elternhaus oder anderenorts vermutlich schon Diskussionen über ein politisches Phänomen begegnet. Sie sprechen mit Mitschüler/-innen über die Flüchtlingskrise, den Brexit oder den Euro. Schüler/-innen mit griechischem Migrationshintergrund oder Migrantenkinder sitzen in vielen Klassen. Auch deshalb sind Fragen der Europäischen Union selbstverständlicher Teil der Vorstellungswelt der Kinder. Dies sind Anknüpfungspunkte und Bausteine für den konzeptuellen Wissensaufbau mit Hilfe von Fachbegriffen in der Grundschule. Die Kinder erschließen sich die Lebenswelt mit Fachbegriffen bzw. politischen Begriffen. Sie können damit umgehen und sie anwenden, wie empirische Studien zeigen (Richter 2015; Götzmann 2015).

Im Folgenden wird zunächst der allgemeine theoretische Hintergrund des Perspektivrahmens Sachunterricht vorgestellt. Der Perspektivrahmen weist die politische Dimension aus. Politisches Lernen beginnt im Sachunterricht der Grundschule. Zur bereichsspezifischen Präzisierung zieht der Perspektivrahmen das Modell der Politikkompetenz heran, das u. a. die Fachkonzepte Europäische Integration und Europäische Akteure enthält. Um zu klaren Aussagen zu kommen, ist ein Kompetenzmodell als theoretischer Hintergrund mit empirischem Anspruch auch für die Unterrichtsplanung notwendig. Das Kompetenzmodell ermöglicht schließlich die genaue Beschreibung der fachlichen Anforderungen an das Thema Europäische Union. Der vorliegende Beitrag versteht sich als Anregung zur Neukonfiguration von Gütekriterien des Sachunterrichts für den Bereich politische Bildung. Er möchte dazu beitragen, die unpolitische Behandlung des Themas Europa zu überwinden.

2. Anforderungen des Perspektivrahmens Sachunterricht

Mit dem Perspektivrahmen Sachunterricht der Gesellschaft für Didaktik des Sachunterrichts (GDSU 2013) ist eine Neuorientierung im Sachunterricht vorgenommen worden. Er liegt vielen Curricula zugrunde. Der Sachunterricht fordert ein „auf die Perspektiven von Fachkulturen und durch Fachdisziplinen mitgeprägtes Denken und Handeln" (S. 18). Im vorliegenden Beitrag geht es um die einzubringende Perspektive der Politikwissenschaft. Für das Verstehen von politischen Prozessen ist Wissen erforderlich. „Verstehensprozesse entstehen dann, wenn Wissensbestände sinnvoll aufeinander bezogen, mit bereits vorhandenen Wissensstrukturen verbunden werden sowie kommunizierbar und gegenüber Gegenargumenten belastbar sind" (S. 21). „Das politische Handeln der EU lässt sich am besten verstehen als das durch institutionelle Rahmenbedingungen (polity) geprägte Zusammenspiel von staatlichen und nicht-staatlichen Akteuren auf unterschiedlichen territorialen Ebenen der Union (politics), welches auf den verschiedenen, mehr oder minder vergemeinschafteten, Politikfeldern Entscheidungen (policies) hervorbringt" (Detterbeck 2017, S. 156). Im Kern geht es dabei um die Vermittlung von Fachkonzepten, die für die Wissensaufnahme zentral sind. In unserem Fall fördern politische Fachbegriffe den Konzeptaufbau. Es geht um die Konstruktion des Wissens. Es geht nicht um kulturelle, geographische oder ökonomische Fachkonzepte.

Gefragt wird darüber hinaus, wie das politische Wissen in Form von Fachkonzepten und Fachbegriffen zur Förderung der Denk-, Arbeits- und Handlungsweisen beiträgt. Die Entwicklung der politischen „(fach-)sprachlichen Kultur" (S. 11) beginnt mit der Grundschule. Die Grundschüler/-innen müssen von der Alltags- zur Bildungssprache finden. Begrifflichkeiten sind zur präzisen Verständigung zu klären und in politikbezogenen Denk-, Arbeits- und Handlungsweisen umzusetzen (S. 30). Hierzu zählen argumentative Fähigkeiten wie auch die Motivation zur Teilhabe und Mitwirkung an demokratischen Entscheidungen. Gerade argumentative Fähigkeiten sind in politischen Diskussionen besonders wichtig. Insofern bleibt der Unterricht nicht auf die Wissensvermittlung beschränkt.

In allen Unterrichtsfächern, in allen Bereichen des Sachunterrichts wird jeweils eine eigene Fachsprache erworben. Die unterrichtliche Kommunikation ist auf die in den Fachkonzepten konkretisierte politische Fachsprache angewiesen. In der Alltagssprache, die nicht einheitlich, sondern stark durch unterschiedliche soziale Milieus geprägt ist, sind im Zusammenhang mit den dort verwendeten Wörtern zu viele Assoziationen möglich. Missverständnisse entstehen deshalb leicht. In der Fachsprache wird dagegen um klare und möglichst präzise Begriffe gerungen. Das heißt, die Fachsprache entlastet die unterrichtliche Kommunikation von unnötigen Assoziationen. Sie ist präziser und elaborierter als die Alltagssprache. Sie „verringert das Risiko, dass sich der Unterricht auf die bloße Reproduktion des Alltagswissens der Kinder beschränkt" (S. 11). Zudem kann sich das politische Fachwissen durch ständige Anreicherung mit

Fachvokabular sinnvoll erweitern. Neue Wissenselemente passen zu vorhandenen und werden so im Gedächtnis aufgenommen. Ergänzungen bzw. Erweiterungen sind die Regel, Neustrukturierungen seltener, weil sie schwieriger sind. Nur wer die Fachsprache Politik in der Schulzeit lernt, kann später als Bürger/-in das politische Tagesgeschehen verstehen und selbst verfolgen.

Wichtig für kompetenzorientiertes Arbeiten ist der Erwerb der Fachsprache, hier der Fachsprache Politik. Sie beinhaltet Wörter bzw. Begriffe, die in verschiedenen Kontexten (Unterrichtssituationen, Nachrichten, Gesprächen etc.) immer wieder benutzt werden. Auch die Nachrichten bedienen sich eines bestimmten Vokabulars, dessen Bedeutungsgehalt im Gedächtnis abgerufen wird. Der Unterricht hat die Aufgabe, neue politische Fachbegriffe zu vermitteln und den Umgang mit dem Fachvokabular zu üben. Es grenzt des Weiteren die Domäne Politik gegenüber anderen ab. Die Domäne Politik verfügt mithin über ein Vokabular, das in gewisser Weise ein Alleinstellungsmerkmal beansprucht. Begriffe einer Fachsprache sind exklusiv und in fachlich definierbaren Situationen anzuwenden. Deshalb ist der Erwerb der verschiedenen Fachsprachen ein zentrales Ziel des Sachunterrichts.

3. Der Beitrag der Kompetenzmodelle für den Fachsprachenerwerb

Die in der Schule zu vermittelnden Fachbegriffe werden in Kompetenzmodellen gelistet und begründet. Dem Perspektivrahmen Sachunterricht liegen Kompetenzmodelle zugrunde, die die jeweiligen Fachvokabularien enthalten. Der Perspektivrahmen hat für die politische Bildung das Modell des politischen Fachwissens (Weißeno et al. 2010) übernommen. Es ermöglicht die Unterscheidung zwischen Faktenwissen (Einzeltatsachen) und konzeptuellem Wissen.

Faktenwissen besteht aus einzelnen Daten und Fakten. Es ist jederzeit verfüg- und abrufbar und kann zu einem späteren Zeitpunkt in abstrahierter Form in das konzeptuelle Wissen einfließen. Grundschüler/-innen können dies sehr gut nachvollziehen. Die Bücher der Reihe „Was ist was?" listen solche Fakten auf. Sie stellen dabei aber nur sehr wenige Zusammenhänge her. Kinder können aber bereits Zusammenhänge bilden. ‚Wer, wie, was, warum' – Das Motto der Sesamstraße weist darauf hin. Im Kindergarten ist das politische Wissen eher noch als Faktenwissen vorhanden.

In der Grundschule beginnt der Konzeptaufbau. Politische Phänomene lassen sich im Grunde nur mit Hilfe konzeptuellen Strukturwissens verstehen.

Konzeptuelles Wissen sieht von konkreten Erfahrungen ab und kategorisiert stattdessen deren Merkmale und Kennzeichen (Anderson 2001, S. 153 ff.). Konzepte erlauben das Abrufen von bedeutungs- und wahrnehmungsbezogenen Wissensinhalten aus dem Gedächtnis. „Konzept [ist] jede Regel, nach der bestimmte Reize mit einer Reaktion verknüpft werden. Eine Form des Konzeptes ist der Begriff, bei dem die Regel durch ein Wort belegt ist. Jedoch ist die Existenz eines Konzepts nicht an die sprachliche Bezeichnung gebunden, und es sind im Handeln viele Konzepte wirksam, denen ein sprachlicher Ausdruck fehlt. ... Konzepterwerb [ist] das Erlernen der Regel, die ein Konzept ausmacht. Eine Form des Konzepts ist die Begriffsbildung" (Häcker et al. 2004, S. 510). Ihr Erwerb ist das eigentliche Ziel der Wissensvermittlung im Unterricht. Wird das konzeptuelle Wissen in einer Anforderungssituation abgerufen, werden die vorhandenen und zur Situation passenden Konzepte netzartig verknüpft. Es aktualisiert sich eine Wissensstruktur, die umso differenzierter ist, je mehr Konzepte vorhanden sind.

Lernende sollen daher im Sachunterricht systematisches und zugleich flexibles Wissen erwerben: Sie müssen kohärente kognitive Strukturen aufbauen, um die politische Wirklichkeit beschreiben zu können. Hierfür ist konzeptuelles Wissen notwendig, das das Modell des Fachwissens für die Politikkompetenz (Detjen et al. 2012) in 30 Fachkonzepten und den dazu gehörenden konstituierenden Begriffen beschreibt.

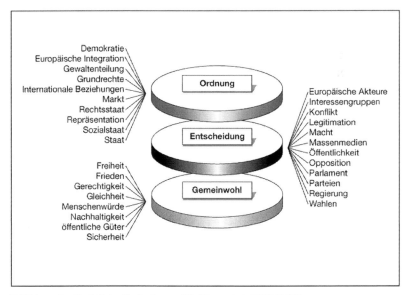

Abbildung 1:   Modell des Fachwissens (Weißeno et al. 2010, S. 12)

Die im Modell benutzten Begriffe sind keine Postulate, sondern fachlich, d.h. kognitionspsychologisch und politikwissenschaftlich festgelegte Ergebnisse für die Aufgabenbewältigung im Unterricht und für den Alltag als Bürger/-in. Vernetztes Wissen ermöglicht die Einschätzung unbekannter politischer Situationen. Dies wird die Regel im späteren Leben als Bürger/-in sein: Mit dem in der Schule erworbenen fachlichen Gerüst lässt sich (später) eine erste adäquate Einschätzung der tagespolitischen Vorgänge zu den verschiedensten Themen vornehmen. Zudem kann sich das Wissen durch ständige Anreicherung sinnvoll erweitern. Im Lernprozess kommt es dann idealerweise im Gedächtnis des/ der Schüler/-in zu einer sich ausbreitenden Aktivierung von und unter den Begriffen. Denn die Informationen aus dem Unterricht werden von den Schüler/ -innen weiter verarbeitet. Neue Wissenselemente passen zu vorhandenen und werden so aufgenommen. Mit den Begriffen und ihrem dazugehörenden Bedeutungsraum werden erreichbare Standards für den Politikunterricht formuliert. Die Arbeit mit Konzepten ist ein Teil der angestrebten Erneuerung der Unterrichtskultur. Der domänenspezifische Wissenserwerb im kompetenzorientierten Europaunterricht muss sich auf die politische Ebene der EU konzentrieren. Auf diese Weise wird die Unterrichtskultur ökonomischer, sozialer und kultureller Fragestellungen zu Europa im Allgemeinen als Ersatz für politisches Lernen überwunden. Dadurch kann der Unterricht effektiver werden.

4. Die Fachkonzepte Europäische Integration und Europäische Akteure

Das Modell der Politikkompetenz beansprucht, Aussagen mit Wahrheitsanspruch über den Aufbau der Politikkompetenz zu formulieren. Dem Modell liegen 30 Fachkonzepte als das in der Schule bis zum Abitur zu erwerbende Fachwissen zugrunde. Hierfür wurden entsprechende Theorien, Aussagen und empirische Ergebnisse der Politikwissenschaft hinsichtlich ihrer Relevanz für den Sachunterricht geprüft und diejenigen Aussagen übernommen, die als common sense sowohl in der Politikwissenschaft als auch in der Politikdidaktik gelten können (Weißeno et al. 2010). Dies gilt auch für die beiden hier vorzustellenden Fachkonzepte. Die inhaltliche Beschreibung der Fachkonzepte erleichtert den Lehrer/-innen die Einarbeitung in den Sachbereich. Sie stellen den fachsprachlichen Korpus dar, der immer wieder neu anzuwenden ist. Die Europäische Union wird in den Fachkonzepten ‚Europäische Integration' und ‚Europäische Akteure' fachsprachlich erfasst. Zudem werden sie mit weiteren

Fachkonzepten vernetzt. Es kommt nicht darauf an, die Europäische Union einmal als Unterrichtsthema zu behandeln. Vielmehr sind die Fachbegriffe immer wieder bei anderen Themen zu benutzen und anzuwenden.

Im Modell des Fachwissens wird die Europäische Integration wie folgt beschrieben: „Die Europäische Integration stellt den Einigungsprozess europäischer Staaten dar. Derzeit umfasst die Europäische Union (EU) 28 Mitgliedstaaten. Die europäische Integration zielt auf eine supranationale wirtschaftliche, soziale und politische Ordnungsstruktur der europäischen Staaten. Die Europäische Union gründet auf ihren Verträgen. Darin sind u.a. die Zuständigkeiten der EU für verschiedene Politikfelder und die Ausgestaltung der Integration festgelegt, die bildlich durch das Drei-Säulen-Modell dargestellt werden kann: die erste Säule bilden die Europäische Gemeinschaft, die zweite Säule die Gemeinsame Außen- und Sicherheitspolitik (GASP) und die dritte Säule die polizeiliche und justizielle Zusammenarbeit. Während für die Europäische Gemeinschaft eine integrierte, supranationale Gemeinschaftspolitik gilt, arbeiten die Mitgliedstaaten der EU bei der GASP sowie der Innen- und Justizpolitik intergouvernemental zusammen. In diesen beiden letztgenannten Bereichen findet eine zunehmend abgestimmte Politik der integrierten Mitgliedstaaten statt. Da das institutionelle Gefüge der EU mit seinen verschiedenen Partizipations- und Entscheidungsebenen mit keinem bisher vorhandenen nationalstaatlichen oder internationalen System verglichen werden kann, wird die EU als politische Ordnung *sui generis* verstanden" (Weißeno et al. 2010, S. 65). Die in dem Text noch angesprochene 3-Säulen-Struktur der EU ist mit dem Vertrag von Lissabon aufgelöst worden. Insofern ist das Bild nicht mehr richtig. Die grundsätzliche Unterscheidung von supranationalen und intergouvernementalen Verfahren in der EU besteht aber weiter.

Dieses Fachkonzept kann eine Ordnungsfunktion für die inhaltliche Aufbereitung der Unterrichtsthemen zur Europäischen Union darstellen. Es beschreibt die inhaltlichen Verflechtungen des europäischen Integrationsprozesses. Allerdings eignet es sich nicht dazu, als Folie für eine Unterrichtsreihe zu fungieren. Vielmehr enthält die Beschreibung eine Reihe von Definitionen (z.B. Drei Säulen, Gemeinschaftspolitik), die bei verschiedenen Unterrichtsthemen relevant werden können. Sie ermöglichen es den Lehrkräften, die Äußerungen der Schüler/-innen als noch richtig und schon falsch einzuordnen. Didaktisch sind aber Fälle aus der aktuellen Politik zu suchen, die die Probleme des Integrationsprozesses aufzeigen. Das Aussetzen des Schengen Abkommens hinsichtlich der Grenzkontrollen angesichts der Flüchtlingsströme könnte ein Fall sein.

„Europäische Akteure sind Elemente des politischen Systems der Europäischen Union. Neben den Institutionen und ihren Mitgliedern (Europäisches Parlament, Kommission, Ministerrat, Europäischer Gerichtshof) hat sich eine weiter steigende Zahl an Akteuren etabliert, die ihre Forderungen an das System richten: Gewerkschaften, Parteien, Industrie-, Umweltschutz-, Finanz-, Automobil-, Verbraucherschutzverbände usw. Die Bürger/-innen können über nationale Wahlen, die Europawahl, Klagen vor den Gerichten, den Beitritt zu Parteien oder Interessengruppen ihre Forderungen an die EU stellen. Die Entscheidungen der EU betreffen eine Vielzahl von Politikfeldern, wie z.B. die Sozial-, Umwelt-, Landschafts-, Finanz-, Außenhandels-, Verteidigungs-, Verkehrspolitik. Die europäische Gesetzgebung und Finanzpolitik hat mittlerweile einen großen Einfluss auf die Machtverteilung und Ressourcen zwischen Bürgern, Gruppen und Staaten. Am Bedeutsamsten für die Entwicklung der europäischen Integration erweisen sich die Institutionen. Dabei sind die politischen Zuständigkeiten der verschiedenen Organe der EU untereinander wie auch in ihrem Verhältnis zu den Mitgliedstaaten der EU vermischt" (Weißeno et al. 2010, S. 108).

Unter Berücksichtigung dieses Fachkonzepts lässt sich z.B. jeder Gesetzgebungsvorgang auf europäischer Ebene unterrichtlich ordnen. Es lässt sich mit anderen Fachkonzepten und Begriffen vernetzen. Dies gilt in angemessener Form auch für den Grundschulunterricht. Es gibt immer mehr Themen, die die Europäische Union tangieren, vom Brexit bis zur Flüchtlingskrise. Sie haben nationale, aber auch europäische politische Aspekte. Es gibt eine Vielzahl politischer Akteure. Konkret bedeutet dies, dass die Materialien und Lernaufgaben nur dann geeignet sind, wenn sie Aussagen zu den Fachkonzepten machen. Es muss klar sein, welches Kompetenzpotential in einer Aufgabe oder in einer Unterrichtsstunde steckt, was vom Lernenden beim Bearbeiten erwartet wird und wie die Lösungen bzw. Ergebnisse einzuordnen sind. Die weiteren unterrichtsmethodischen Entscheidungen der Lehrkraft sollten die kognitive Aktivierung unterstützen. Hierfür eignen sich insbesondere kooperative Lernmethoden dann, wenn die Inhalte nach den Fachkonzepten klar strukturiert sind.

Fachkonzepte haben des Weiteren eine Struktur. Sie lässt sich mit Hilfe von konstituierenden Begriffen beschreiben. Die politischen Begriffe entfalten den komplexen Inhalt von Fachkonzepten. Das Fachkonzept ‚Europäische Integration' enthält die Fachbegriffe Binnenmarkt, Vergemeinschaftungsprozess, Erweiterung, Gemeinsame Außen- und Sicherheitspolitik, Integrationsprozess, europäisches Mehrebenensystem, Intergouvernementalismus. Das Fachkonzept ‚Europäische Akteure' enthält die Fachbegriffe Europäisches Parlament, Europäische Kommission, Ministerrat, Europäischer Gerichtshof, Kommissionspräsident/-in, Neo-Funktionalismus. Alle diese Begriffe sind nicht in der Grundschule zu vermitteln. Sie beschreiben den Wissenskorpus bis zum Abitur. Für die Grundschule können nur einige wenige ausgewählt werden. In der im Rahmen eines Jean-Monnet-Projektes entwickelten Unterrichtsreihe (grant agreement/decision 2014-EAC/S11/13) sind dies z.B. die Begriffe (Europäische) Kommission, Kommissar, Präsident, Umwelt, Ministerrat, Europäisches Parlament, Abgeordnete, Gesetz, (Mitglied-) Staat, Abstimmung/abstimmen, Wahl/wählen, Konsument, Parteien, Fraktion, Interessen (http://politik.ph-karlsruhe.de/jmp2). Daran erkennt man bereits die Vernetzung zu anderen Fachkonzepten und ihren Fachbegriffen wie Demokratie, Wahlen, Parlament etc. Die Fachbegriffe ermöglichen den strukturierten Blick auf die Materialien. Sie verhindern, dass der Unterricht ins Kulturelle oder Soziale abgleitet. Die Anzahl der in den Texten benutzten politischen Fachbegriffe ist z.B. ein Indikator für die Ergiebigkeit fachlicher Anregungen (vgl. den Beitrag von Götzmann in diesem Band). Die Fachkonzepte bewähren sich dann für die Schüler/-innen, wenn sie für verschiedene politische Kontexte und Beispiele erklärende Funktionen übernehmen können. Sie sorgen für die nötige kognitive Aktivierung im Unterricht.

Die Arbeit mit dem Modell der Politikkompetenz bietet eine Chance zur Strukturierung des Unterrichts. Sie kann für klare Inhalte sorgen. Dies leistet die Anlage eines knappen, kontinuierlichen Selbstreports. Der/die Lehrer/-in hält für jede Unterrichtsstunde die angesprochenen Fachbegriffe fest. Ein Selbstreport zeigt dem/der Lehrer/-in im Verlaufe eines Schuljahres, welche Fachbegriffe bereits für das politische Lernen angeboten wurden. Die Orientierung erfolgt nicht mehr über die behandelten Themen, sondern über den spiralig aufzubauenden Kompetenzstand in Form von Fachbegriffen. Sie müssen immer wieder bei verschiedensten Themen angesprochen werden. Derartige Wiederholungen sichern das Lernen, das vernetzte Denken und den Wissensaufbau. Einseitigkeiten des Unterrichts werden schnell sichtbar, Lücken im Lernangebot ebenfalls. Die Fokussierung auf politische Fachbegriffe sorgt dafür, dass beim Thema Europa kein unpolitischer Unterricht über europäische Kochkulturen, Tänze usw. erteilt wird.

5. Ausblick

Der vorliegende Beitrag hat die Arbeit mit Fachkonzepten und Begriffen der politischen Fachsprache auf der Basis des Perspektivrahmens Sachunterricht für das Thema ‚Europäische Union' gezeigt. Das Modell der Politikkompetenz lieferte hierfür den erforderlichen inhaltlichen Rahmen (Weißeno et al. 2010). Die konkrete Festlegung einer inhaltsbezogenen Politikkompetenz ist von zentraler Bedeutung für die Zusammenfassung der Lerninhalte, die die (Grund-) Schüler/-innen beherrschen müssen. Die Fachkonzepte sind gezielt in viele Fachbegriffe übersetzt, die das Wissen der Domäne Politik repräsentieren, und die die Schüler/-innen mit dem individuellen Weltwissen abzugleichen haben. Dabei muss im Sachunterricht beachtet werden, dass sich neue Begriffe mit bereits bekannten in Verbindung bringen lassen. Es kommt darauf an, dass in der Lernsituation zugleich das bereits erworbene Wissen sichtbar wird.

Für das Verständnis der Fachkonzepte ist der Rekurs auf die Politikwissenschaft erforderlich, um zu sachlich richtigen Aussagen über die politische Wirklichkeit zu kommen. Der hierzu vorgelegte Band zum Fachwissen kann den Lehrer/-innen die Einarbeitung in den Sachbereich erleichtern (Weißeno et al. 2010). Die vorliegende empirische Forschung für die Grundschule zeigt, dass die Grundschüler/-innen tatsächlich über Fachkonzepte verfügen und damit anwendungsbezogene Aufgaben auch zur ‚Europäischen Union' lösen können (Götzmann 2015; Weißeno et al. 2016 und 2018). Die Arbeit mit den o.g. Fachkonzepten kann auf systematischer Forschung aufsetzen. Wie die Fachsprache beim Thema Europäische Union angesprochen werden kann, zeigt die Homepage eines Jean-Monnet-Projekts (http://www.politikwiss.ph-karlsruhe.de/jmp2/). Entsprechende Beispiele für den Unterricht sind dort downloadbar. Mit Fachkonzepten und Fachbegriffen ist effizienter Unterricht möglich. Kompetenzorientierter Unterricht ist kognitiv aktivierend und systematisch nach Fachkonzepten strukturiert. Er fördert die Fachsprache und den Lernerfolg der Grundschüler/-innen.

Literatur

Anderson, John Robert (2001): Kognitive Psychologie. 3. Auflage, Heidelberg.

Detjen, Joachim/Massing, Peter/Richter, Dagmar/Weißeno, Georg (2012): Politikkompetenz – ein Modell, DOI: 10.1007/978-3-658-00785-0.

Detterbeck, Klaus (2017): Europa als Fachkonzept und als Thema des Schulunterrichts, in: Oberle, Monika/Weißeno, Georg (Hrsg.): Politikwissenschaft und Politikdidaktik – Theorie und Empirie, Wiesbaden, S. 153–167.

Gesellschaft für Didaktik des Sachunterrichts (GDSU) (2013): Perspektivrahmen Sachunterricht, Bad Heilbrunn.

Götzmann, Anke (2015): Entwicklung politischen Wissens in der Grundschule, Wiesbaden.

Häcker, Hartmut. O./Stapf, Kurt-Hermann (Hrsg.) (2004): Dorsch – Psychologisches Wörterbuch, Bern.

Richter, Dagmar (2015). Politisches Lernen mit und ohne Concept Maps bei Viertklässlern – eine Interventionsstudie, in: Weißeno, Georg/Schelle, Carla (Hrsg.): Empirische Forschung in gesellschaftswissenschaftlichen Fachdidaktiken, S. 37–51. DOI: 10.1007/978-3-658-06191-3_3.

Schöne, Helmar/Immerfall, Stefan (2014): EU unterrichten – Widersprüche im Schulalltag, in: Frech, Siegfried/Kalb, Jürgen./Templ, Karl-Ulrich (Hrsg.): Europa in der Schule. Perspektiven eines modernen Europaunterrichts, Schwalbach/Ts., S. 54–66.

van Deth, Jan/Abendschön, Simone./Rathke, Julia/Vollmar, Meike (2007): Kinder und Politik. Politische Einstellungen von jungen Kindern im ersten Grundschuljahr, Wiesbaden.

Vollmar, Meike (2012): König, Bürgermeister, Bundeskanzler. Politisches Wissen von Grundschülern und die Relevanz familiärer und schulischer Ressourcen, Wiesbaden.

Weißeno, Georg/Detjen, Joachim/Juchler, Ingo/Massing, Peter/Richter, Dagmar (2010): Konzepte der Politik – ein Kompetenzmodell, Bonn.

Weißeno, Georg/Götzmann, Anke/Weißeno, Simon (2016): Politisches Wissen und Selbstkonzept von Grundschüler/-innen, in: transfer Forschung < > Schule, H. 2., S. 162–172.

Weißeno, Georg/Weißeno, Simon/Götzmann, Anke (2018): Theoriebildung und Messen politischer Kompetenz in der Didaktik des Sachunterrichts, in: Giest, Hartmut/Gläser, Eva/Hartinger, Andreas (Hrsg.): Methodologien der Forschungen zur Didaktik des Sachunterrichts, Heilbrunn, i.E.

THOMAS GOLL UND EVA-MARIA GOLL

Europapolitische Bildung im Sachunterricht – Überlegungen zum konzeptuellen Wissenserwerb

Schon immer war dem Volksmund die Bedeutung präadoleszenter Bildungserfahrung bewusst. Nicht umsonst heißt es: „Was Hänschen nicht lernt, lernt Hans nimmermehr." Man mag die Rigorosität des Diktums für überzogen halten, eines ist aber angesichts der empirischen Evidenz frühkindlicher Bildung nicht von der Hand zu weisen: Kinder lernen im Vor- und Grundschulalter schnell und festigen Denkstrukturen, die sich häufig als prägend für das weitere Leben erweisen. Daher muss auch die europapolitische Bildung früh einsetzen, will man nachhaltig Erfolg erzielen. Dieser wird jedoch in der Realität des Sachunterrichts systematisch verfehlt, obwohl konzeptuelles europapolitisches Lernen prinzipiell möglich wäre. Notwendig erscheint dafür jedoch die Entwicklung und Implementation eines europapolitischen Kompetenzstruktur- und Kompetenzentwicklungsmodells.

1. Voraussetzungen und Stand des europabezogenen Lernens im Sachunterricht der Grundschule

Zwei Thesen sollen an dieser Stelle Ausgangspunkt der Auseinandersetzung mit europapolitischem Lernen im Sachunterricht sein:

These 1: Kinder im Grundschulalter können und wollen etwas über Europa und die EU lernen.

In vielen empirischen Studien wurde nachgewiesen, dass Kinder schon vor Eintritt in die Schule über historische und politische Wissensbestände und Kompetenzen verfügen und dass diese während der Grundschulzeit erweitert werden. So zeigt Mike Thiedke, dass 8–11jährige Kinder über regionen- und europabezogenes Wissen verfügen (Thiedke 2005). Stefanie Serwuschok gelingt die Erhebung von historischen Kompetenzen bei Grundschülern, bevor der

Sachunterricht einsetzt (Serwuschok 2011), und die Forschergruppe um Markus Kübler kann historisches Denken bei 4–10jährigen Kindern in unterschiedlichen Ausprägungsgraden nachweisen (Kübler u. a. 2015). Katrin Asal und Hans-Peter Burth bestätigen, dass Grundschülern auch die Politik nicht fremd ist (Assal/ Burth 2016), was grundlegend von der Forschergruppe um Jan van Deth für Erstklässler empirisch nachgewiesen werden konnte (van Deth u. a. 2007). Alles in allem bekräftigen diese Untersuchungen (vgl. zudem Abschnitt II dieses Bandes) damit entwicklungspsychologische Theorien und Befunde: So begründet die Kernwissensthese, dass schon Kleinkinder rasch domänenspezifische Kenntnisse erwerben und systematisieren, mithin also domänenspezifische Konzepte aufbauen können (vgl. Sodian 2008, S. 463). Dies kann im Unterricht gezielt gefördert werden, wenn es gelingt an die kindliche Wissensrepräsentation anzuknüpfen. Dazu jedoch ist eine spezifische Aufbereitung der Unterrichtsgegenstände ebenso nötig wie Motivation und Wertschätzung von Lernstoff und Lernsituation (Mähler/Stern 2006, 789 ff.). Hieran aber krankt es im Sachunterricht, wenn es um das europapolitische Lernen geht, denn:

These 2:   Europabezogenes Lernen im Sachunterricht findet unter Ausblendung EU-bezogenen Lernens statt.

Einschlägige Untersuchungen zu Lehrplänen, Schulbüchern und Bildungsstandards für den Sachunterricht der Grundschule zeigen, dass die Europa-Thematik in der Regel lediglich geographisch und kulturräumlich aufgegriffen wird (vgl. Richter 2015). Ein Blick in die aktuell gültigen Lehrpläne (http://www.bildungsserver.de/Bildungsplaene-Lehrplaene-der-Bundeslaender-fuer-allgemeinbildende-Schulen-400.html; Abruf: 31.07.2016) bestätigt den Befund. Da die amtlich zugelassenen Lehrbücher auf den Lehrplänen basieren, ist es wenig verwunderlich, dass man dort bis auf wenige Ausnahmen auch nicht fündig wird (Richter 2015, S. 112). Selbst der Perspektivrahmen Sachunterricht der Gesellschaft für Didaktik des Sachunterrichts schweigt sich zum Thema EU aus (GDSU 2013). Hier schlägt die Skepsis der verantwortlichen Autorin der sozialwissenschaftlichen Perspektive, Dagmar Richter, durch, die an anderer Stelle davon ausgeht, „dass Themen zur EU allenfalls am Ende der Grundschulzeit sinnvoll sind", wobei jedoch die Lernvoraussetzungen „so anspruchsvoll [sind], dass das Vorhaben, politisches Wissen zur EU zu vermitteln, […] sinnvollerweise aufzugeben ist" (Richter 2015, S. 117). Diese Position wird theoretisch mit dem Kompetenzmodell des politischen Fachwissens (Weißeno u. a. 2010) und mit empirischen Studien zum Wissen und zu Einstellungen von Grundschulkindern hinsichtlich des Fachkonzepts

Staat begründet (Richter 2015, S. 115 ff.). Auch wenn es noch kaum einschlägige fachdidaktische Studien zum europapolitischen Wissen und zu entsprechenden Kompetenzen bei Grundschülern gibt, kann man jedoch auf der Basis grundlegender Überlegungen zur Chance der Vielperspektivität des Sachunterrichts auch für das Thema EU (vgl. Schauenberg 2015a) und zu gleichermaßen „sperrigen" Feldern, wie z.B. dem Thema Rechtsstaat (vgl. Goll 2015), zu anderen Schlussfolgerungen kommen. Notwendig ist aber auf jeden Fall sowohl für die theoretische Absicherung wie auch für die Sicherstellung der empirischen Überprüfbarkeit der EU-Thematik im Sachunterricht die Einbettung in ein Kompetenzstruktur- sowie – zumindest in Umrissen – ein Kompetenzentwicklungsmodell.

2. Zur Möglichkeit der Vermittlung EU-bezogener Kompetenzen im Sachunterricht

Dass Grundschüler/innen über anschluss- und ausbaufähige Präkonzepte von Europa und der EU verfügen, ist theoretisch begründbar, muss jedoch auch empirisch erwiesen werden können. Leider muss man jedoch feststellen, dass die einschlägigen Studien der politikdidaktischen Forschung zu lange auf den Bereich der Sekundarstufen beschränkt waren und den Lernverlauf über die gesamte Schulzeit nicht in den Blick nahmen (vgl. Oberle/Forstmann 2015; Weißeno/Landwehr 2015). Anders die fachdidaktische Forschung zu benachbarten Perspektivbereichen des Sachunterrichts. Daher sollen insbesondere die grundschulbezogenen geographie- und geschichtsdidaktischen Überlegungen daraufhin befragt werden, ob aus ihnen auch für den Bereich der politischen Kompetenzentwicklung Rückschlüsse gezogen werden können, welche die kompetenzorientierte Vermittlung von europapolitischem Wissen und dessen fachdidaktische Beforschung voranbringen können.

Grundlegend ist dabei, dass davon ausgegangen wird, dass konzeptionelle Überlegungen aus der Sachunterrichtsdidaktik bzw. den damit korrespondierenden gesellschaftswissenschaftlichen Anteilsdidaktiken einerseits und der Politikdidaktik andererseits prinzipiell zusammenpassen. So ist die heute maßgebliche Konzeption des Sachunterrichts der vielperspektivische Sachunterricht. Dieser findet seine konkrete Umsetzung in ein Kompetenzmodell im Perspektivrahmen Sachunterricht der GDSU. Auch wenn Europa bzw. die EU sich nicht explizit in der sozialwissenschaftlichen Perspektive (Politik – Wirtschaft – Soziales) finden lassen, so doch in der geographischen Perspektive (Räume – Naturgrundlagen – Lebenssituationen). Die dazu gehörige Kompetenzbeschreibung (= DAH: Denk-, Arbeits- und Handlungsweisen) lautet „Ordnungsmuster zu räumlichen Situationen und zu Natur-Mensch-Beziehungen aufbauen und weiterentwickeln": „Schülerinnen und Schüler können: - räumliche Bezugspunkte und Dimensionen miteinander in Beziehung setzen (Wohnort, Kreis/ Region, Bundesland, Deutschland […], Europa, Kontinente, Erde)" (GDSU 2013, S. 51). Es wäre nun ein Missverständnis, wollte man hier das alte Modell der konzentrischen Kreise wiederentdecken, also der Logik des Fortschreitens vom räumlich Nahen zum Fernen bzw. vom zunächst Lokalen zum später dann Globalen. Im Gegenteil: Gemeint ist vielmehr eine mehrebenenbezogene Sicht auf geographische Mensch-Umwelt-Systeme.

Auch im Kontext politikdidaktischer Überlegungen wird das Modell der konzentrischen Kreise kritisiert (vgl. Weißeno 2004a, S. 215). Die Begründung für die Zurückweisung des Modells konzentrischer Kreise ist darin zu sehen, dass zu Recht davon ausgegangen werden kann, dass die politische Sozialisation in der Mediengesellschaft eben nicht in konzentrischen Kreisen stattfindet, was von der empirischen Forschung gestützt wird (vgl. Asal/Burth 2016, S. 116). Im Kompetenzmodell des politischen Fachwissens wird jedoch auf den ersten Blick so vorgegangen (Weißeno u.a. 2010). Die europabezogenen Fachkonzepte werden dort als vermeintlich verfrüht und zu abstrakt in den als Mindeststandards für die Primarstufe deklarierten Auflistungen nicht einbezogen. Die Auswahl der konstituierenden Begriffe, z.B. zum Konzept Repräsentation, ist auf Schulklasse und Kommune beschränkt (vgl. Weißeno u.a. 2010, S. 191). Das Modell des politischen Fachwissens wie auch die sozialwissenschaftliche Perspektive des Perspektivrahmens Sachunterricht bleiben mit der Reduktion auf das räumlich Nahe hinter den Kompetenzerwartungen der geographischen Perspektive zurück, in der erwartet wird, die unterschiedlichen Ebenen miteinander in Beziehung zu setzen. Warum aber soll Grundschulkindern in Hinsicht auf politische Strukturen etwas nicht gelingen können, was hinsichtlich geographischer Strukturen erwartet werden kann?

Die Auflösung dieses Widerspruchs ist dann möglich, wenn man die kindliche Entwicklungs- von der logischen Strukturperspektive unterscheidet. Auch wenn die Forschung sagt, dass Grundschulkinder wenn überhaupt nur über eine sehr vage Vorstellung von politischen Mehrebenensystemen verfügen (Asal/Burth 2016, S. 116), so ist doch damit lediglich die Wirkung der vor allem medialen Sozialisation erfasst und keineswegs eine prinzipielle Unmöglichkeit der Vermittlung europapolitischer Bildung schon im Sachunterricht der Grundschule belegt. Die Konzeption einer „Europazentrierten Politikdidaktik" setzt hier an. Statt „Europa" als ein separiertes Themenfeld des Unterrichts zu betrachten, schlägt Weißeno stattdessen eine grundsätzliche Einbeziehung der europäischen Ebene in politische Bildungsprozesse vor (vgl. Weißeno 2004b, S. 114 ff.). Durch die Arbeit mit konkreten Beispielen soll das Mehrebenensystem in seinen Zusammenhängen deutlich werden, auch die prozessualen und personenbezogenen Aktivitäten können dabei fokussiert werden (vgl. ebd.). Politik findet immer in einem Mehrebenensystem statt – die europäische Dimension wird lediglich häufig in den Unterrichtsgegenständen ausgeklammert. Sie anhand konkreter Themen einzubinden und den Mehrebenencharakter von Politik deutlich zu machen entspricht zudem dem beispielgetragenen Vorgehen im Sachunterricht. Sachunterrichts- und Politikdidaktik ergänzen sich in ihren konzeptionellen Überlegungen, denn alles wird im Sachunterricht anhand von konkreten Beispielen erarbeitet.

Der Schluss daraus kann nur lauten, dass die Abkehr von der Lernprogression in konzentrischen Kreisen – zumeist auch noch im Schnelldurchlauf vollzogen – auch im Bereich des politischen Lernens nach Vorbild des geographischen Lernens erfolgen muss. Zusammenhänge zwischen geographischen Räumen und Lebenssituationen sowie Politik mit ihren Institutionen, Themen und Abläufen können und müssen im vielperspektivischen Sachunterricht gemeinsam thematisiert werden.

3. Umrisse eines EU-bezogenen Kompetenzentwicklungsmodells

Eingangs des Kapitels ist grundsätzlich zu konstatieren, dass gesellschaftsbezogene Kompetenzentwicklungsmodelle für den Sachunterricht bisher rar sind. In der Studie „Historisches Denken von 4- bis 10-jährigen Kindern in der deutsch-, italienisch- und romanischsprachigen Schweiz" (Kübler u.a. 2015) wird aus geschichtsdidaktischer Sicht ein erster Versuch unternommen, um zu Aussagen zu gelangen, ab welchem Alter sich welche Formen und Stufen von historischem Denken bei Kindern entwickeln. Insgesamt wurden 457 Kinder aus dem Kindergarten, der 2. Klasse und der 4. Klasse in halbstandardisierten Einzelinterviews befragt. Der Studie zugrunde lag ein theorie- und praxisgeneriertes Kompetenzmodell historischen Denkens, das vier Komplexitätsniveaus (KN) unterscheidet (Kübler u.a. 2015, S. 28): Die „KN 1: Begriffe und KN 2: Zusammenhänge" heben auf „allgemeine kognitive Fähigkeiten bzw. nicht-domänenspezifisches Denken", die „KN 3: Re-Konstruktion und KN 4: De-Konstruktion" hingegen auf „domänenspezifische kognitive und damit typische historische Fähigkeiten" ab. Zugleich wird angenommen, dass alle vier KN „eine aufsteigende Schwierigkeit abbilden". Für KN 1 und KN 2 sowie KN 3 und KN 4 kann das jeweils – wenn auch nicht fraglos – plausibel gemacht werden, da sie jeweils aufeinander aufbauen: Zunächst isolierte Begriffe (KN 1) werden miteinander vernetzt (KN 2), die Re-Konstruktion (KN 3) ist Basis des Verständnisses der De-Konstruktion (KN 4). Ausgeschlossen ist jedoch eine durchgängige Kompetenzentwicklung über alle 4 KN anzunehmen, denn diese ist weder strukturlogisch noch entwicklungspsychologisch nachvollziehbar. Trennt man die beiden Kompetenzbereiche jedoch, dann lässt sich zumindest für KN 1 und KN 2 begründen, dass eine Adaption dieses Kompetenztests auf Genese und Struktur des europapolitischen Wissens möglich und auch sinnvoll sein könnte.

In einer Gegenüberstellung der historischen KN 1 und KN 2 mit einer adäquaten Struktur politischen Wissens lässt sich der Zusammenhang beider Perspektivbereiche verdeutlichen, hier jedoch erweitert um die komplexeren Zusammenhänge eines Mehrebenensystems, das die Politik im Vergleich zur Geschichte ist.

Kompetenzniveaus des historischen Denkens	Adaption auf das politische Denken
1. Stufe: Informationen, Begriffe, Fakten (z. B. „Mumie", „Pyramide"…)	1. Stufe: Informationen, Begriffe, Fakten (unverbundenes Faktenwissen zur Existenz unterschiedlicher Ebenen (z. B. „Kommune", „Bundesland", „Staat", „EU")
2. Stufe: Zusammenhänge zwischen Fakten etc. („In der Altsteinzeit gab es keine Häuser, weil die Menschen umherwanderten.")	2. Stufe: Einfache Zusammenhänge zwischen Fakten (Zuständigkeiten – z. B.: „Stadtverwaltung und Rat sind zuständig für die Regelungen von Dingen, die nur die Stadt betreffen."; „Die Europäische Kommission ist zuständig dafür, dass sich alle Mitgliedsstaaten an das gemeinsame EU-Recht halten.")
./.	3. Stufe: Komplexere Zusammenhänge der Ebenen (Abhängigkeiten – z. B. „Bundesländer erlassen Gemeindeordnungen.", „Die EU regelt den gemeinsamen Binnenmarkt und beseitigt einzelstaatliche Handelshemmnisse.")

Abbildung 1: Kompetenzniveaus des historischen und politischen Denkens

Auch wenn es sich bei Begriffen im Feld der Politik anders als bei den Beispielen aus der Geschichte um Abstrakta handelt, kann durch alle Studien zum politischen und historischen Wissen von Kindern im Grundschulalter als gesichert gelten, dass die Kompetenzniveaus der Stufen 1 und 2 von fast allen Kindern der Jahrgangsstufe 4 zu erreichen sind. Schwierigkeiten dürfte jedoch die höhere Kompetenzanforderung der Stufe 3 bereiten, denn schon hinsichtlich des Bund-Länder-Verhältnisses gibt es Grundschulkinder, die Schwierigkeiten haben, Bundeskanzler/in und Ministerpräsident/innen in ein stimmiges Verhältnis zu setzen (Asal/Burth 2016, S. 118 f.). Die Kompetenzerwartungen des geographischen Lernens im Perspektivrahmen Sachunterricht gehen jedoch davon aus, dass auch unterschiedliche räumliche Dimensionen miteinander in Beziehung gesetzt und „in einfachen modellartigen Darstellungen" dargestellt werden können (GDSU 2013, S. 51). Dies sollte auch für das politische Lernen möglich sein, auch wenn „dies aufgrund der Komplexität politischer Sachverhalte kein einfaches Unterfangen ist" (Asal/Burth 2016, S. 121).

Ein umfassendes Kompetenzstrukturmodell für den Bereich europapolitischer Bildung im Sachunterricht wird somit dreistufig angelegt sein müssen. Diese Dreistufigkeit kennzeichnet zugleich eine Entwicklungsperspektive, denn kognitionspsychologisch gut begründbar ist die Vermutung, dass die komplexeren Zusammenhänge von Mehrebenensystemen auch einer gesteigerten kognitiven Grundlegung bedürfen, was wie bei der Entwicklung komplexer Konzepte regelmäßig erst am Ende der Grundschulzeit gelingt. Auch dies kann man mit den Ergebnissen der Studie von Kübler absichern, denn zumindest deren Komplexitätsniveau 3, das Geschichte als etwas Rekonstruiertes ausmacht, wird von fast der Hälfte der Schüler in der 4. Klasse erreicht. Und selbst die Dekonstruktionsleistungen des Kompetenzniveaus 4 sind erreichbar, wenn auch (vermutlich angesichts der aktuellen Lehrpläne allein außerschulisch vermittelt) nur von weniger als zehn Prozent der Schüler (Kübler u. a. 2015, S. 29 f.). Das Verfügen über Begriffe bzw. Konzepte ist dabei Voraussetzung allen strukturbezogenen Denkens.

Vorschlag für ein Kompetenzstruktur- und Kompetenzentwicklungsmodell europapolitischer Bildung
Kompetenzniveau 1: Wissen über einzelne unverbundene Elemente unterschiedlicher Ebenen
Kompetenzniveau 2: Herstellen von Zusammenhängen zwischen Elementen auf einer Ebene
Kompetenzniveau 3: Herstellen von Zusammenhängen zwischen Elementen unterschiedlicher Ebenen

Dieses Modell ist zunächst nur auf die Sachkompetenz bezogen, d. h. die politische Urteils- und Handlungsfähigkeit werden nicht adressiert. Natürlich ist mit dieser rein pragmatisch begründeten Beschränkung auf die Wissensdimension keine einseitige Verkürzung des Sachunterrichts auf reine Wissensvermittlung verbunden.

4. Beispielhafte Konkretisierung des Kompetenzmodells zum europapolitischen Wissen im Sachunterricht

Die Konkretisierung des Modells soll abschließend am Beispiel „Flucht nach Europa" in Bezugnahme auf die Vielperspektivität des Sachunterrichts verdeutlicht werden. Vielperspektivität spiegelt sich z.b. in folgenden inhaltlichen Aspekten und fachlichen Dimensionen: Herkunftsländer und Fluchtwege (Geographie, Politik), Fluchtgründe (Politik, Wirtschaft, Gesellschaft, Geographie), aktuelle Herausforderungen (Politik, Wirtschaft, Gesellschaft), Erkenntnis durch historischen Vergleich (Geschichte). Für das politische Lernen ergibt sich folgende Fokussierung: „Herausforderungen für die Politik in Europa, Deutschland, Bundesland und Schul-/Wohnort". Umgesetzt in die drei theoretisch begründeten Komplexitätsniveaus können damit u.a. folgende Aspekte unterrichtlich bearbeitet werden:

Kompetenzniveau 1: Wissen über einzelne unverbundene Elemente unterschiedlicher Ebenen
- Fliehende kommen an den Grenzen Europas (bzw. der EU) an.
- Viele Menschen kommen auf der Flucht um.
- Fliehende kommen in Deutschland an.
- Flüchtlinge werden in Deutschland verteilt.

Es ist davon auszugehen, dass schon Grundschulkinder über die häuslichen Gespräche und über die Medien hinreichende Faktenkenntnisse erworben haben, sich zum Thema „Flucht nach Europa" zu äußern. Zudem ist davon auszugehen, dass die mediale Aufmerksamkeit auch die der Grundschulkinder beeinflusst und dass menschliche Schicksale sowie Alltagserfahrungen das Interesse an der Thematik beeinflussen. Politikdidaktisch ist damit der Zugang über „Betroffenheit" möglich, die sich in Kompetenzniveau 2 zur „Bedeutsamkeit" erweitert (vgl. Gagel 1986, S. 107ff.). Zudem schließt das unmittelbar über konstituierende Begriffe wie „Grenze" und „Krieg" an politikdidaktische Fachkonzepte, wie z.B. Staat und Frieden (vgl. Weißeno u.a. 2010, S. 191) an.

Kompetenzniveau 2: Herstellen von Zusammenhängen zwischen Elementen auf einer Ebene
- In der Kommune ankommende Flüchtlinge werden dort von der Verwaltung unter Einbindung von Rat und Stadtteilparlamenten untergebracht.

- Freigewordene Schulgebäude und leerstehende Häuser werden von der Verwaltung umgewidmet bzw. angemietet sowie angemessen baulich verändert, damit Flüchtlinge untergebracht werden können.
- Der Rat der Kommune berät in öffentlichen Debatten und unter Einbeziehung der Bürger, wie es weitergehen kann, damit die Maßnahmen Akzeptanz finden.

Es ist davon auszugehen, dass auch schon Grundschulkinder kausale Zusammenhänge z. B. auf kommunaler Ebene herstellen können. Dies wird ihnen u. a. im Kontext der Auseinandersetzung mit Entscheidungen des Stadtrates abverlangt. Die Thematisierung des Umgangs mit Flüchtlingen auf kommunaler Ebene stellt damit nichts anderes dar als eine Konkretisierung von Repräsentation und kommunalen Aufgaben, die Lehrpläne und Perspektivrahmen Sachunterricht schon jetzt fraglos als Kompetenzanforderungen formulieren (vgl. GDSU 2013, S. 34). Zudem sind die Zusammenhänge in der Kommune konkret erfahrbar (z. B. Umnutzung von Sporthallen, Jugendtreffs, Zeltstädte), was einerseits an soziales Lernen anschließt, andererseits an das politikdidaktische Fachkonzept „Öffentlichkeit" über den konstituierenden Begriff „Partizipation" (Weißeno u. a. 2010, S. 191). Wichtig ist dabei, dass die Betroffenheit, z. B. aufgrund der Belegung der Turnhalle vor Ort mit Flüchtlingen, übergeführt wird zur Bedeutsamkeit: Danach sind temporäre Einzelfall-Entscheidungen weit weniger strittig und problemhaltig als dauerhafte Lösungen für alle. Dadurch wird erst die Ebene des Politischen statt des „nur" Sozialen erreicht. Dies aber ist Voraussetzung, um Kompetenzniveau 3 erreichen zu können.

Herstellen von Zusammenhängen zwischen Elementen unterschiedlicher Ebenen
- Die Verteilung der Flüchtlinge in Deutschland erfolgt zwischen den Bundesländern nach den Regelungen des Königsteiner Schlüssels, zwischen den Kommunen nach entsprechenden Landesschlüsseln.
- In der EU können die Mitgliedsstaaten nicht einfach machen, was sie wollen. Um ein Funktionieren der EU zu gewährleisten, müssen Regelungen (wie z.B. das Dublin-Abkommen) eingehalten oder gemeinschaftlich geändert werden.

Dieses Komplexitätsniveau ist das höchste und damit auch das am schwersten zu erreichende. Erwartet werden kann in Ansätzen eine Kenntnis von und ein Grundverständnis für das Zusammenwirken unterschiedlicher Ebenen, wie es sich u.a. auch bei der Frage nach der Finanzierung überörtlicher Aufgaben (z.B. der Berufsfeuerwehr) auf den unterschiedlichen kommunalen Ebenen von kreisangehörigen und kreisfreien Gemeinden zeigt. Überzogen wäre es hingegeben, von den Grundschulkindern die Reflexion der Debatte um die Aussetzung des Dublin-Verfahrens zu erwarten, möglich erscheint aber eine Auseinandersetzung mit dem Streit um Aufnahmequoten unter Gerechtigkeitsaspekten (vgl. zum Konzept Gerechtigkeit, Schauenberg 2015b). Hier ließe sich zudem die Brücke zur Urteilskompetenz schlagen. Dies gilt umso mehr, weil das politische Mehrebenensystem im medialen Fokus steht und auf Landes-, Bundes- und EU-Ebene ständig diskutiert wird. Beispielhaft seien genannt für die Landesebene der Konflikt um die Binnenverteilung im Bundesland Nordrhein-Westfalen, wo lange Zeit alle Erstaufnahmeeinrichtungen im Osten des Landes lagen, nicht jedoch im Rheinland, für die Bundesebene der Konflikt über die Kostenerstattung z.B. zwischen Bayern und Nordrhein-Westfalen und über den Königsteiner Schlüssel, für die EU-Ebene schließlich der auch in den Kindernachrichten thematisierte Konflikt um die Verteilung der Flüchtlinge auf die EU-Mitgliedsstaaten (vgl. http://www.tivi.de/mediathek/flucht-nach-europa-2434430/verteilung-von-fluechtlingen-in-europa-2486994/).

5. Fazit

Europapolitische Bildung im Sachunterricht ist möglich. Die Komplexität eines Mehrebenensystems kennzeichnet nicht nur die EU, sondern auch die kommunalen Ebenen in Deutschland (z.B. Gemeinde, Kreise, kreisfreie Städte) und den bundesdeutschen Föderalismus, ohne dass dies zu der didaktischen Schlussfolgerung führen würde, dass damit ein grundsätzliches Hindernis für deren Behandlung im Sachunterricht vorhanden wäre. Das gilt auch für die EU. Der hier entwickelte Vorschlag für ein Kompetenzstruktur- und Kompetenzentwicklungsmodell europapolitischer Bildung hat daher den Vorzug, auf alle Mehrebenensysteme anwendbar zu sein.

Literatur

Asal, Katrin/Burth, Hans-Peter (2016): Schülervorstellungen zur Politik in der Grundschule. Lebensweltliche Rahmenbedingungen, politische Inhalte und didaktische Relevanz. Eine theoriegeleitete empirische Studie, Opladen, Berlin, Toronto.

Gagel, Walter (1986): Unterrichtsplanung: Politik/Sozialkunde. Studienbuch politische Didaktik II, Opladen.

GDSU (2013): Perspektivrahmen Sachunterricht, Bad Heilbrunn.

Goll, Thomas (2015): Das Thema Rechtsstaat im Sachunterricht, in: Gläser, Eva/Richter, Dagmar (Hrsg.): Die sozialwissenschaftliche Perspektive konkret (Begleitband 1 zum Perspektivrahmen Sachunterricht), Bad Heilbrunn, S. 27–42.

Kübler, Markus/Bietenhader, Sabine/Bisang, Urs/Stucky, Claudio (2015): Historisches Denken bei 4- bis 10-jährigen Kindern – Was wissen die Kinder über Geschichte?, in: Waldis, Monika/Ziegler, Béatrice (Hrsg.): Forschungswerkstatt Geschichtsdidaktik 13. Beiträge zur Tagung „Geschichtsdidaktik empirisch 13", Bern, S. 26–40.

Mähler, Claudia/Stern, Elsbeth (2006): Transfer, in: Rost, Detlef H. (Hrsg.): Handwörterbuch Pädagogische Psychologie, 3. überarbeitete und erweiterte Auflage, Weinheim, S. 782–793.

Oberle, Monika/Forstmann, Johanna (2015): Förderung EU-bezogener Kompetenzen bei Schüler/innen – zum Einfluss des politischen Fachunterrichts, in: Oberle, Monika (Hrsg.): Die Europäische Union erfolgreich vermitteln. Perspektiven der politischen EU-Bildung heute, Wiesbaden, S. 81–98.

Richter, Dagmar (2015): Politische EU-Bildung in der Grundschule?, in: Oberle, Monika (Hrsg.): Die Europäische Union erfolgreich vermitteln. Perspektiven der politischen EU-Bildung heute, Wiesbaden, S. 111–120.

Schauenberg, Eva-Maria (2015a): Europa im vielperspektivischen Sachunterricht, in: Oberle, Monika (Hrsg.): Die Europäische Union erfolgreich vermitteln. Perspektiven der politischen EU-Bildung heute, Wiesbaden, S. 121–132.

Schauenberg, Eva-Maria (2015b): Gerechtigkeit: „Wenn einer mehr hat - ist das fies?", in: Gläser, Eva/Richter, Dagmar (Hrsg.): Die sozialwissenschaftliche Perspektive konkret (Begleitband 1 zum Perspektivrahmen Sachunterricht), Bad Heilbrunn, S. 63–74.

Serwuschok, Stefanie (2011): Erhebung zu Ausprägungen historischer Kompetenzen bei Grundschülern vor der unterrichtlichen Intervention im Heimat- und Sachunterricht, in: Hodel, Jan/Ziegler, Béatrice (Hrsg.): Forschungswerkstatt Geschichtsdidaktik 09. Beiträge zur Tagung „Geschichtsdidaktik empirisch 09", Bern, S. 183–195.

Sodian, Beate (2008): Entwicklung des Denkens, in: Oerter, Rolf/Montada, Leo (Hrsg.): Entwicklungspsychologie, 6. vollständig überarbeitete Auflage, Weinheim, S. 436–479.

Thiedke, Mike (2005): Grundschulkinder und Regionalräume. Vom Wissen über die Region zu Wissen für Europa, Bad Heilbrunn.

Van Deth, Jan/Abendschön, Simone/Rathke, Julia/Vollmar, Meike (2007): Kinder und Politik. Politische Einstellungen von jungen Kindern im ersten Grundschuljahr, Wiesbaden.

Weißeno, Georg (2004a): Lernen über politische Institutionen – Kritik und Alternativen dargestellt an Beispielen in Schulbüchern, in: Richter, Dagmar (Hrsg.): Gesellschaftliches und politisches Lernen im Sachunterricht, Bad Heilbrunn, S. 211–227.

Weißeno, Georg (2004b): Konturen einer europazentrierten Politikdidaktik – Europäische Zusammenhänge verstehen lernen, in: Ders. (Hrsg.): Europa verstehen lernen – Eine Aufgabe des Politikunterrichts, Bonn, S. 108–125.

Weißeno, Georg/Detjen, Joachim/Juchler, Ingo/Massing, Peter/Richter, Dagmar (2010): Konzepte der Politik – ein Kompetenzmodell, Bonn.

Weißeno, Georg/Landwehr, Barbara (2015): Effektiver Unterricht über die Europäische Union – Ergebnisse einer Studie zur Schülerperzeption von Politikunterricht, in: Oberle, Monika (Hrsg.): Die Europäische Union erfolgreich vermitteln. Perspektiven der politischen EU-Bildung heute, Wiesbaden, S. 99–109.

Internet:

http://www.bildungsserver.de/Bildungsplaene-Lehrplaene-der-Bundeslaender-fuer-allgemeinbildende-Schulen-400.html, Zugriff am 31.07.2016

http://www.tivi.de/mediathek/flucht-nach-europa-2434430/verteilung-von-fluechtlingen-in-europa-2486994/, Zugriff am 21.10.2015

SUSANN GESSNER, UWE GERHARD
UND JETTE STOCKHAUSEN

Europabildung als interkulturelles und entdeckendes Lernen im Sachunterricht der Grundschule

1. „Wo kommst du her?"

Der folgende Gesprächsausschnitt stammt aus dem Film *Almanya – Willkommen in Deutschland* aus dem Jahr 2011. Die Lehrerin fragt die Kinder einer Schulklasse nacheinander nach ihrer Herkunft und setzt entsprechend kleine Fähnchen auf eine Landkarte an der Tafel (zitiert nach Bräu 2015, S. 17):

Lehrerin : Cenk, was ist mit dir? Wo sollen wir dein Fähnchen hinsetzen?
Cenk : Deutschland?
Lehrerin : Äh, jaja, das stimmt schon, aber wie heißt das schöne Land, wo dein Vater herkommt?
Cenk : Ähhh, Anatolien.
Junge : Das heißt doch Italien!
Lehrerin : Nein, Cenk hat Recht. Das Land heißt Anatolien und ist im Osten der Türkei. (Möchte Fähnchen auf der Landkarte platzieren.) Oh, das ist leider nur eine Europakarte, die hört hier bei Istanbul auf. Wir können das Fähnchen hierhin setzen, ja?! (setzt Fähnchen weit rechts außerhalb der Karte). Engin, was ist mit dir?
Engin : Ah, Istanbul.
Lehrerin : Istanbul, schön! (setzt Fähnchen auf der Stelle der Landkarte, wo Istanbul liegt). Gut dann, ja, dann haben wir alle.

Bräu (2015) verwendet diese alltägliche und doch erklärungsbedürftige Filmszene um zu zeigen, wie Menschen von anderen aufgrund eines bestimmten Merkmals wahrgenommen werden und welche Zuschreibungsmechanismen damit verknüpft sind. Die kurze Szene verdeutlicht, dass (soziale) Differenzen „nicht vorgängig und naturalistisch vorhanden sind, sondern dass sie in den Interaktionen und im sozialen Feld von Institutionen hergestellt und reproduziert werden" (Bräu 2015, S.18). Die Szene zeigt weiter, wie pädagogische Diskurse und pädagogische Praxen in Bildungsinstitutionen zur Herstellung dieser „Zugehörigkeitsordnungen" beitragen (vgl. Mecheril 2004, S.19). Hier entscheidet die Landkarte über die legitime Zugehörigkeit zu Europa.

Im Folgenden soll es weniger um ein Verständnis von Europa als einer geographischen Region gehen. Vielmehr soll Europa als geistiges Konstrukt, als kultureller Zusammenhang, der sich von anderen kulturellen Zusammenhängen unterscheidet, verstanden werden. (Vgl. Sander 2005, S.158)

Vor allem die gegenwärtige, durch Migration und Fluchtbewegungen gekennzeichnete, Situation in Europa stellt auch die politische Bildung und die Ansätze europabezogenen Lernens vor (neue) Herausforderungen. Dies gilt insbesondere vor dem Hintergrund, dass als ein zentrales Ziel europabezogenen Lernens „die Vermittlung und Verarbeitung der europäischen Komplexität durch eine größere kulturelle, religiöse und ethnische Pluralität – erst recht vor dem Hintergrund der Migration in der EU" gilt (Rappenglück 2014, S.396 f.). Daraus ergibt sich folgende Problemstellung: Wie kann Europabildung jenseits der Bezugnahme auf die Europäische Union als institutionalisierte Organisations- und Verwaltungsstruktur, zum Beispiel in Form europäischer Institutionen, Wirtschaftsabkommen und tagespolitischer Diskussionen in Brüssel, stattfinden? Es geht also um die Frage, wie eine Idee von Europa als sich verändernder kultureller, sozialer und politischer Zusammenhang für *alle* in Ländern der europäischen Union lebende Kinder – d. h. auch jüngst als Geflüchtete hinzugekomme – im Grundschulalter angebahnt werden kann.

2. Europabezogenes Lernen

Ansätze *europabezogenen Lernens* beziehen sich auf europäische Integrationsprozesse und wollen europäische Entwicklungen als „lebensnahes Unterrichtsprinzip" verorten. Im schulischen Unterricht soll die europäische Dimension als eine „nationale, multi- und internationale, möglichst an ‚Fällen' und ‚Projekten' orientierte multi- und interkulturelle, d.h. polyvalente Perspektive" (Rappenglück 2005, S.461) zum Tragen kommen. Thematisch kann es dabei beispielsweise um supranationale Vernetzung gehen und um die Bereitschaft zur internationalen Kooperation, Partizipation, Koordination und Konfliktaustragung (vgl. Mickel 2000, S.257f.). Kognitive *und* emotionale Elemente sollen den Lernprozess auszeichnen (vgl. Rappenglück 2005, S.463). Die Fachdidaktik nimmt in Bezug auf europabezogenes Lernen verschiedene Zugänge in den Blick:

„Bildung in Europa analysiert vor allem die Bildungssysteme in den europäischen Ländern und fördert die gegenseitige Kenntnis und Zusammenarbeit, während Bildung über Europa sich primär auf die Vermittlung der geografisch-geschichtlichen Aspekte und des politischen Systems bezieht. Schließlich wird Bildung für Europa als Vorbereitung auf das Leben in einem zunehmend komplexen Europa verstanden." (Rappenglück 2014, S. 393 f.)

Für die Europabildung in der Schule werden diese Zugänge vor allem für jugendliche Schülerinnen und Schüler der Sekundastufe I und II konzeptualisiert. Ein möglicher Zugang für Kinder im Grundschulalter liegt – gerade im Kontext der (Welt-)Migrationsgesellschaft – im Konzept des interkulturellen Lernens, das wir als eine geeignete Form der Europabildung empfehlen möchten. Europabezogenes Lernen ist interkulturelles Lernen, weil der Diskurs über das, was Europa ausmacht, bereits eine Auseinandersetzung über die historischen und gegenwärtigen Beziehungen von Menschen aus unterschiedlichen Kulturen beinhaltet. Europa ist mehr als ein organisatorischer Zusammenschluss von 28 Mitgliedsstaaten. Vielmehr zeichnet sich Europa durch den interkulturellen Austausch der Bürgerinnen und Bürger verschiedener Nationen aus. Migration und kultureller Austausch gelten als zentrale Merkmale europäischer Geschichte und Kultur. Für die Entwicklung der Zivilgesellschaft sind die Begegnungen und Auseinandersetzungen mit dem Fremden, die in der europäischen Geschichte stattgefunden haben, eine Voraussetzung. Die Zivilgesellschaft basiert dabei auf den Werten der Aufklärung und der europäischen Ideengeschichte: Gleichheit, Solidarität, Bürger- und Menschenrechte. Europabezogenes Lernen soll ein Bewusstsein dafür schaffen, dass eine „globale *Bruchlinie*" (Holzbrecher 2005, S. 402) existiert, die aber nicht zwischen, sondern in den Kulturen selbst verläuft. Sie verläuft zwischen jenen, „die nach der politischen Vormacht für ihr eigenes Verständnis der kulturellen Überlieferung streben, und jenen, die einen politisch rechtlichen Rahmen für das Zusammenleben der verschiedenen Kulturen und Zivilisationsstile verlangen" (Meyer 1997, S. 83, zitiert nach Holzbrecher 2005, S. 402).

3. Grundannahmen für europabezogenes Lernen in der Grundschule

Europa und der damit in Verbindung stehende Bildungsanspruch werden kontrovers diskutiert. Jüngste Beispiele für die Kontroversität sind die europäische

Schulden- und Finanzkrise sowie der Austritt Großbritanniens aus der EU. Auch lässt sich in der Bevölkerung eine immer stärkere Unzufriedenheit mit den klassischen Partizipationsformen der Politik, wie beispielsweise Parteien, und den mit ihnen in Verbindung gebrachten politischen Institutionen beobachten (vgl. Bönte/Eisenbichler 2016). Deutlich wird, dass Europa in erster Linie nicht als Wertegemeinschaft, sondern als Organisationsform und als Institutionensystem wahrgenommen wird. Diese Wahrnehmung über Europa bestimmt allerdings auch die Voreinstellungen der Lernenden, die entsprechende politische Haltungen mit in die Schule bringen (vgl. auch Klein/Oettinger 2000, S. 202).

Sowohl historische und kulturelle als auch politische und ökonomische Perspektiven spielen beim Zugang zum komplexen Thema Europa eine Rolle. Klein und Oettinger (2000) beschreiben als eine Voraussetzung bei den Schülerinnen und Schülern das Erfordernis eines „gewissen politischen Grundverständnisses", welches „ab Klasse 4 vorausgesetzt werden kann" (ebd.). Allerdings ist festzustellen, dass die politischen und ökonomischen Systeme der europäischen Staaten und der Staatengemeinschaft so vielfältig und kompliziert sind, dass eine intensive Behandlung und ein Vergleich dieser Systeme erst in der Sekundarstufe I und II sinnvoll möglich wird. Aus diesem Grund ist es die Aufgabe der Lehrenden, europabezogenes Lernen so in den Unterricht der Grundschule einzubinden, dass die Schülerinnen und Schüler europaspezifische Zugänge aus der Vernetzung mit anderen Themen ihres Alltags erkennen (bspw. durch unterschiedliche Sprachen, verschiedene Kulturen oder der Auseinandersetzung mit der europäischen Währungsunion). Bei der Vermittlung der Vielfalt und der Werte Europas lässt sich gut an die Erfahrungswelt der Schülerinnen und Schüler anknüpfen (vgl. Kiper 2009, S. 293 f.; vgl. Klein/Oettinger 2000, S. 202).

Im Sinne des Ansatzes Hannah Kipers (2009) zum Europalernen im Fachunterricht der politischen Bildung soll Europa dort aufgegriffen werden „wo der Erlebnis- und Erfahrungshorizont der Schülerinnen und Schüler dies erlaubt oder neue Erfahrungsfelder im Rahmen besonderer Maßnahmen eröffnet werden können." (KMK 2008, S. 7)

Der Beschluss der Kultusministerkonferenz (KMK) zur „Europabildung in der Schule" (KMK 2008) führt dazu Folgendes aus:

„Das Zusammenwachsen Europas fordert die Europäer dazu auf, ihre jeweilige nationale Geschichte und Tradition in neuem Licht zu sehen, sich der Perspektive anderer zu öffnen, wertgebundene Toleranz und Solidarität zu üben und das Zusammenleben mit Menschen anderer Sprachen und verschiedener kultureller Gewohnheiten zu praktizieren.

[…] Die Schule hat die Aufgabe, die Annäherung der europäischen Völker und Staaten und die Neuordnung ihrer Beziehungen bewusst zu machen. Sie soll dazu beitragen, dass in der heranwachsenden Generation ein Bewusstsein europäischer Zusammengehörigkeit entsteht und Verständnis dafür entwickelt wird, dass in vielen Bereichen unseres Lebens europäische Bezüge wirksam sind und europäische Entscheidungen verlangt werden. Die Schule hat zudem die Aufgabe, Respekt vor und Interesse an der Vielfalt der Sprachen und Kulturen zu wecken und auszubauen." (KMK 2008, S. 4 f.)

Auch im Perspektivrahmen Sachunterricht der Gesellschaft für Didaktik des Sachunterrichts (GDSU) aus dem Jahr 2002 wird auf das Themenfeld Europa Bezug genommen. Verortet wird es hier unter der raumbezogenen Perspektive, die an Bereiche anknüpft, die bedeutsam und zugänglich für Kinder sind (vgl. ebd, S. 12)

Schließlich ist es die Vielfalt der Sprachen und Kulturen innerhalb einer Klassengemeinschaft, die den Lernenden Multiperspektivität im Lernen *in* und *über* Europa ermöglicht.

4. Interkulturelles und entdeckendes Lernen als Zugang zu Europa

Konzepte interkulturellen Lernens gehen von der legitimen Vielfalt kultureller Lebensformen aus und wollen daraus ein für alle Schülerinnen und Schüler bereicherndes und anregendes Lernfeld erschließen (vgl. Sander 2009a, S. 53). Interkulturelles Lernen versteht gesellschaftliche Integration als politische Aufgabe und soll „als europäische und internationale Perspektive zur Verständigung einer Weltgesellschaft beitragen" (vgl. Holzbrecher 2005, S. 395). Subjekt- und biographiebezogen knüpft interkulturelles Lernen an die Lebenswelt und an die Erfahrungen der Adressaten an und basiert auf einem erweiterten Kulturbegriff „im Sinne eines gemeinsam geteilten Systems von symbolischen Bedeutungen und als soziales Orientierungssystem für subjektbezogene ‚Sinnkonstitution und Identitätsbildung'" (ebd., vgl. dazu auch Hoppe 1996 und Scherr 2011). Lernen findet dabei auf drei Ebenen statt: Auf der gesamtgesellschaftlichen, d.h. makrostrukturellen Ebene sollen die Lernenden mit den durch Globalisierungsprozessen induzierten Veränderungen der sozialen und politischen Strukturen für die eigene Lebenswelt selbstwirksam umgehen können. Mikrostrukturell geht es auf der zweiten Ebene um die umgebende Lebenswelt, d.h. den Interaktions-

und Handlungsraum im Alltag. Die Schülerinnen und Schüler lernen hier im eigenen und gestaltbaren Lebensraum kompetent politisch zu handeln. Auf der dritten Ebene gilt es, die psychosoziale Subjektentwicklung zu berücksichtigen, die sich auf die Auseinandersetzung mit äußeren und inneren Widerständen, mit Wünschen, Ängsten, Zukunftsperspektiven und der eigenen Krisenwahrnehmung bezieht (vgl. Holzbrecher 2005, S.395 ff.).

In der schulischen politischen Bildung als Fachunterricht geht es dann darum, die Inhalte politischen Lernens *interkulturell* auszurichten und nicht etwa eine Stoffliste beispielsweise zur Einwanderungsgesellschaft, zu Globalität, zu Europa usw. „abzuarbeiten". Anknüpfungsmöglichkeiten für den Unterricht sieht Kuno Rinke (2000) (in Anlehnung an Wolfgang Hilligen 1990 und 1992) in den „existentiellen Herausforderungen", die für alle Menschen lebensbedeutsam sind und die in der Frage nach dem Zusammenleben in einer Welt aufgehoben sind. Dabei gilt es, Chancen und Gefahren sowie notwendige Antworten zu thematisieren. Erfolgen soll dies anhand von irritierenden oder konflikthaften[1] Situationen, beispielsweise Alltagssituationen oder kritische Ereignisse oder durch Probleme im Spannungsfeld von subjektiver und objektiver Betroffenheit. Beim Anknüpfen an Alltagssituationen der Schüler sollte es nicht um eine „bloße unterrichtliche Verdoppelung dieses Alltags" gehen, der [...] „Schritt zum Bedeutsam-Allgemeinen und zur objektiven Betroffenheit ist zu leisten" (Rinke 2000, S.109).

Für die Durchführung interkulturellen politischen Unterrichts ist ein verständigungsorientierter Lerndiskurs grundlegend. Im Sinne des dialogischen Prinzips geht es dabei um die personale Begegnung der Schülerinnen und Schüler innerhalb einer Lerngruppe und/oder um Gespräche mit Menschen, die migriert sind, nicht zuletzt um die eigenen Denkvoraussetzungen und inhalte zu reflektieren (vgl. ebd., S.114).

Um den Erfahrungs- und Erlebnishorizont von Schülerinnen und Schülern für das Lernen ‚nutzbar' zu machen, schlägt Hanna Kiper (2009) vor, die Lebenswelt der Lernenden mit den Inhalten des Schulcurriculums zu verbinden. Dies ist sehr gut durch entdeckendes Lernen und/oder projektorientiertes Lernen in der Grundschule möglich. Hannah Kipers Ansatz für den Fachunterricht

---

1 Die Konfliktorientierung in der politischen Bildung wurde hauptsächlich von Hermann Giesecke begründet. Demnach stellen Konflikte den Ausgang von Lernprozessen dar, die anhand von Kategorien und Erschließungsfragen bearbeitet werden, sich auf Dimensionen des Zusammenlebens beziehen lassen und demnach für interkulturelles Lernen bedeutsam sind (vgl. Rinke 2000, S.109) Vgl. dazu auch Giesecke (1997).

politische Bildung in der Grundschule geht dabei von folgenden Zugangsweisen aus: (1) Beim *„biographisch angelegten Ansatz"* (ebd., S. 293) sollen vor allem freigewählte und ausgehandelte Themen zum Lernanlass werden und mit der Frage verbunden werden, wo in der Lebenswelt der Kinder eine *europäische Dimension* auftaucht. (2) Ein *„situationsorientierter Ansatz"* (ebd., S. 294) nimmt verschiedene Aspekte des Lebens der Kinder in den Blick, z. B.: *Meine Familie und ich, Wohnen, Freizeit, Arbeiten, Reisen, Berufswünsche, Leben in verschiedenen Ländern, Zusammenleben der Menschen, Krieg und Frieden* (vgl. ebd.).

Die verbindende Klammer dieser drei Zugangsweisen stellt das ‚entdeckende Lernen' dar. Im entdeckenden Lernen rücken die Schülerinnen und Schüler als aktive Lernsubjekte in den Mittelpunkt des Unterrichts und erschließen sich Sachverhalte selbstständig. „Entdeckendes Lernen ist (…) ein Sammelbegriff für eine Vielzahl von Lehr-Lern-Formen, in denen die eigenaktive Aneignung von Wissen durch entsprechende Lehr-Lern-Arrangements gefördert wird" (Hartinger/Lohrmann 2014, S. 385). Insofern grenzt sich diese Form des Unterrichts in erster Linie von einem darbietenden Unterricht oder einem Frontalunterricht-Setting ab und wird damit auch dem Wissensdurst der Kinder gerecht. Eine Möglichkeit des entdeckenden Lernens sehen Hartinger und Lohrmann (2014) im entdeckenden Lernen durch Beispiele, bei dem Begrifflichkeiten mit der Lebenswelt der Schülerinnen und Schüler verbunden werden. Die Lernenden sollen sich dann mit Beispielen auseinandersetzen und gemeinsame Merkmale identifizieren, um somit letztendlich die „Grundlage einer selbstständigen Abstrahierung (z. B. Begriffsdefinition)" zu bilden (ebd., S. 386). Bei dieser Form des entdeckenden Lernens lenkt die Lehrkraft allerdings durch die Vorgabe einer ersten Begriffsdefinition das Unterrichtsgeschehen noch stark.

Es lassen sich jedoch auch in der Grundschule schon Vorwissen und Präkonzepte der Schülerinnen und Schüler zum Thema Europa mit Hilfe diagnostischer Methoden erheben. Für die Sekundarstufe hat Mirka Mosch (2013) einen solchen Ansatz zum Themenfeld Europa mit den drei Diagnosemethoden Concept-Map, Brainstorming und Collage im Rahmen ihrer Dissertation durchgeführt. Dabei zeigte sich, dass die Schülerinnen und Schüler immer über individuelle – jedoch zum Teil sehr unterschiedliche – Konzepte verfügen, die sie mit diesen Methoden äußern. Sicherlich ist gerade die Concept-Map, die schon einige Fachbegriffe vorgibt, aber auch leere Karten zulässt, die dann zu einer Karte der eigenen Konzepte zu einem Themenfeld zusammengefügt werden, für Schülerinnen und Schüler der Grundschule zu anspruchsvoll, da hier wohl noch keine Fachbegriffe implementiert worden sind (vgl. aber den Beitrag von Götzmann in diesem Band). Die Methoden Brainstorming und Collagen machen außer dem zentralen Begriff „Europa" im Gegensatz zur Concept-Map gar keine weiteren Vorgaben und lassen somit alle Ideen der Schülerinnen und Schüler zu, die sie mit Europa verbinden. Bei der Collage können die Schülerinnen und Schüler mit Bildern anstelle von abstrakten Konzepten arbeiten, weshalb sich dieses Verfahren insbesondere für das entdeckende Lernen im Sachunterricht eignet. Beispielsweise ließen sich aus Zeitschriften all diejenigen Bilder ausschneiden und zu einer Collage zusammenfügen, die die Kinder mit Europa verbinden.

An dieser Stelle kann entdeckendes Lernen sehr gut ansetzen, denn es nimmt die Vorerfahrungen und Voreinstellungen der Schülerinnen und Schüler ernst und bietet ihnen die Möglichkeit, sich selbstständig neues Wissen zu erschließen und dabei sowohl die unterschiedlichen Konzepte, als auch die Vielfalt innerhalb der Klasse zu nutzen. Nach Foster kann entdeckendes Lernen dabei als kleines Entdeckungslernen in einer Kurzsequenz (bspw. mit einem Überraschungskorb oder einem vorbereiteten Entdeckungstisch) oder aber als großes Entdeckungslernen über einen längeren Zeitraum in einem projektartigen Charakter erfolgen (vgl. Foster 1993, S.19). Während die erste Variante wiederum eine Vorauswahl durch die Lehrkraft beinhaltet, ist beim projektorientiertem Lernen – oder großem Entdeckungslernen – die Selbstorganisation und das selbsttätige Lernen der Schülerinnen und Schüler gefordert und es wird noch stärker auf die intrinsische Motivation gesetzt. Wie Herbert Gudjons (2014) jedoch anerkennt, kann man für die Grundschule nicht von der Verwirklichung des Projektunterrichts in Reinform ausgehen. Vielmehr geht es bei Projekten in der Grundschule „um die handelnd-lernende Bearbeitung einer konkreten Aufgabenstellung/eines Vorhabens mit ersten Elementen der Selbstplanung, Selbstverantwortung und praktischen Verwirklichung." (ebd., S.93)

5. Fazit

Der Fragestellung folgend, wie Europabildung jenseits der Bezugnahme auf die Europäische Union als Institution stattfinden kann und wie eine *Idee von Europa* als sich verändernder kultureller, sozialer und politischer Zusammenhang für *alle* Kinder durch den Sachunterricht in der Grundschule erfahrbar gemacht werden kann, plädieren wir für einen Unterricht, der Europa im Rahmen des entdeckenden und interkulturellen Lernens in den Fokus rückt.

Sander spricht sich dieser Annahme folgend für *Europa* als Querschnittsthema aus, das die individuellen Lebenskonzepte der Lernenden in den Mittelpunkt rückt:

„Im Kern ist dies eine politische Bildungsaufgabe. Sie ist freilich nicht auf ein Schulfach begrenzbar (wenngleich sie ohne die explizite Thematisierung politischer Fragen keineswegs auskommt), sondern eine Aufgabe politischer Bildung in einer engen Verbindung mit historischer und kultureller Bildung bis hin zu den philosophischen Aspekten einer zeitgemäßen naturwissenschaftlichen Bildung. ‚Europa' ist nicht ein Thema, es ist ein Aspekt, eine Dimension vieler Themen" (vgl. Sander 2005, S.169).

Die schulische Aufgabe und Herausforderung besteht gerade darin, eine Bezugsgemeinschaft Europa über die Auseinandersetzung und den Diskurs zwischen *Europäern* zu etablieren. Europa selbst ist dabei eine interkulturell heterogene Lerngruppe.

Literatur

Bönte, Tobias/Eisenbichler, Ernst (2016): Jugendstudie „Generation What?". Politikverdrossen, kirchenmüde, medienkritisch. Online: http://www.br.de/nachrichten/generation-what-kein-vertrauen-institutionen-100.html, Zugriff am 20.01.2017.

Bräu, Karin (2015): Soziale Konstruktionen in Schule und Unterricht – eine Einführung, in: Bräu, Karin/Schlickum, Christine (Hrsg.): Soziale Konstruktionen in Schule und Unterricht. Zu den Kategorien Leistung, Migration, Geschlecht, Behinderung, Soziale Herkunft und deren Interdependenzen, Opladen, Berlin, Toronto, S.17–34.

Forster, John (1993): Entdeckendes Lernen in der Grundschule, 2. veränderte und aktualisierte Auflage, München, Linz.

Gesellschaft für Didaktik des Sachunterrichts (2006): Perspektivrahmen Sachunterricht. Online: http://www.gdsu.de/wb/media/upload/pr_gdsu_2002.pdf, Zugriff am 18.01.2017.

Giesecke, Hermann (1997): Kleine Didaktik des politischen Unterrichts, Schwalbach/Ts.

Gudjons, Herbert (2014): Projektorientiertes Lernen, in: Einsiedler, Wolfgang u.a. (Hrsg.): Handbuch Grundschulpädagogik und Grundschuldidaktik, 4. ergänzte und aktualisierte Auflage, Bad Heilbrunn, S. 393–397.

Hartinger, Andreas/Lohrmann Katrin (2014): Entdeckendes Lernen, in: Einsiedler, Wolfgang u.a. (Hrsg.): Handbuch Grundschulpädagogik und Grundschuldidaktik. 4. ergänzte und aktualisierte Auflage, Bad Heilbrunn, S.385–389.

Hilligen, Wolfgang (1990): Gewandelte Legitimationsmuster und Perspektiven der politischen Bildung, in: Bundeszentrale für politische Bildung (Hrsg.): Umbrüche in der Industriegesellschaft. Herausforderungen für die politische Bildung, Bonn, S. 329–349.

Hilligen, Wolfgang (1992): Zur Didaktik des politischen Unterrichts, in: Breit, Gotthard/Massing, Peter (Hrsg.): Grundfragen und Praxisprobleme der politischen Bildung. Ein Studienbuch, Bonn, S.268–297.

HKM/Hessisches Kultusministerium (2011): Bildungsstandards und Inhaltsfelder. Das neue Kerncurriculum für Hessen. Primarstufe. Sachunterricht. Online: https://kultusministerium.hessen.de/sites/default/files/media/kc_sachunterricht_prst_2011.pdf, Zugriff am 03.06.2016.

Holzbrecher, Alfred (2005): Interkulturelles Lernen, in: Sander Wolfgang (Hrsg.): Handbuch politische Bildung, 3. völlig überarbeitete Auflage, Schwalbach/Ts., S. 392–406.

Hoppe, Heidrun (1996): Subjektorientierte politische Bildung. Begründung einer biographiezentrierten Didaktik der Gesellschaftswissenschaften, Opladen.

Kiper, Hanna (2009): Interkulturelles Lehren und Lernen in Unterrichtsfächern der Primarstufe, in: Leiprecht, Rudolf/Kerber, Anne (Hrsg.): Schule in der Einwanderungsgesellschaft. Ein Handbuch, 3. Auflage, Schwalbach/Ts., S. 290–302.

Klein, Klaus/Oettinger, Ulrich (2000): Konstruktivismus. Die neue Perspektive im (Sach-) Unterricht, Hohengehren.

KMK (2008): Europabildung in der Schule. Empfehlung der Ständigen Konferenz der Kultusminister der Länder in der Bundesrepublik Deutschland (Beschluss der Kultusministerkonferenz vom 08.06.1978 i. d. F. vom 05.05.2008). Online: http://www.kmk.org/fileadmin/Dateien/veroeffentlichungen_beschluesse/1978/1978_06_00_Europabildung.pdf, Zugriff am 03.06.2016.

Mecheril, Paul (2004): Einführung in die Migrationspädagogik, Weinheim und Basel.

Mickel, Wolfgang, W. (2000): Zur Funktion transnationaler Lehrerverbände, in: Schleicher, Klaus/Weber, Peter (Hrsg.): Zeitgeschichte europäischer Bildung 1970–2000. Band I: Europäische Bildungsdynamik und Trends, München, S. 249–278.

Mosch, Mirka (2013): Diagnostikmethoden in der politischen Bildung. Vorstellungen von Schüler/-innen im Unterricht erheben und verstehen, Gießen. Online: http://geb.uni-giessen.de/geb/volltexte/2013/9404/, Zugriff am 03.06.2016.

Rappenglück, Stefan (2005): Europabezogenes Lernen, in: Sander, Wolfgang (Hrsg.): Handbuch politische Bildung, 4. völlig überarbeitete Auflage, Schwalbach/Ts., S. 456–468.

Rappenglück, Stefan (2014): Europabezogenes Lernen, in: Sander, Wolfgang (Hrsg.): Handbuch politische Bildung, 3. völlig überarbeitete Auflage, Schwalbach/Ts., S. 392–400.

Rinke, Kuno (2000): Politische Bildung, in: Reich, Hans H./Holzbrecher, Alfred/Roth, Hans-Joachim (Hrsg.): Fachdidaktik interkulturell. Ein Handbuch, Opladen, S. 94–129.

Sander, Wolfgang (2009a): Anstiftung zur Freiheit – Aufgaben und Ziele politischer Bildung in einer Welt der Differenz, in: Overwien, Bernd/Rathenow, Hanns-Fred (Hrsg.): Globalisierung fordert politische Bildung. Politisches Lernen im globalen Kontext, Opladen und Farmington Hills, S. 49–61.

Sander, Wolfgang (2005): Europa denken lernen. Die „Neue Renaissance" und die Aufgaben der politischen Bildung, in: Weißeno, Georg (Hrsg.): Europa verstehen lernen. Eine Aufgabe des Politikunterrichts, Schwalbach/Ts., S. 158–171.

Scherr, Albert (2011): Subjektivität als Schlüsselbegriff kritischer politischer Bildung. In: Lösch, Bettina/Thimmel, Andreas (Hrsg.): Kritische politische Bildung. Ein Handbuch, Bonn, S. 303–314.

INKEN HELDT

Subjektorientierte Europabildung im Sachunterricht der Grundschule – ein Vorschlag

Problemhorizont

Im Hinblick auf die Bedeutung des Lerngegenstands ‚Europa' in der Grundschule zeichnet sich ein widersprüchliches Bild ab: Auf der einen Seite wird die grundlegende Bedeutung europapolitischer Bildung nachdrücklich anerkannt, der Lerngegenstand gilt bildungspolitisch als bedeutsam. Bereits im Jahr 1978 wurde der KMK-Beschluss zur „Europabildung in der Schule" publiziert und dies im Jahr 2008 mit einer erneuten Erklärung bestätigt. Darin ist von der Aufgabe der Schule die Rede, „in der heranwachsenden Generation ein Bewusstsein europäischer Zusammengehörigkeit" zu schaffen und Verständnis dafür zu entwickeln, „dass in vielen Bereichen unseres Lebens europäische Bezüge wirksam sind und europäische Entscheidungen verlangt werden" (KMK 2008, S. 5). Grundsätzlich sollen „alle Fächer und Lernbereiche der Schule" europäische Themen zum Gegenstand machen (ebd., S. 7).

Einen weiteren deutlichen Impuls erhält die europapolitische Bildung durch die „Erklärung zur Förderung von Politischer Bildung und der gemeinsamen Werte von Freiheit, Toleranz und Nichtdiskriminierung", die vor dem Hintergrund terroristischer Angriffe und rechtsextremistischer Gewalt im Jahre 2015 durch die Bildungsministerinnen und -minister der EU-Mitgliedstaaten verabschiedet wurde. Die sogenannte „Pariser Erklärung" ruft dazu auf, die Vermittlung europäischer Grundwerte „bereits vom frühen Kindesalter an zu verstärken, und daran zu arbeiten, durch entsprechende Bildung integrativere Gesellschaften zu schaffen" (Europäischer Rat 2015). Als das wichtigste Ziel und die „maßgebliche zentrale Herausforderung" fasst die Pariser Erklärung damit die Stärkung bürgerschaftlicher Kompetenzen, konkret, „dass Kinder und Jugendliche durch Vermittlung von demokratischen Werten und Grundrechten, sozialer Eingliederung, Nicht-Diskriminierung und aktiver Beteiligung, soziale, demokratische und interkulturelle Kompetenzen erlangen" (ebd.).

Beschlüsse und Empfehlungen wie diese sind nicht als bildungstheoretisch begründete Vorschläge oder systematisch entfaltete fachdidaktische Konzepte zum Lerngegenstand Europa zu verstehen. Die vielfältigen Ziel- und Aufgabenbeschreibungen werden weder einheitlich ausbuchstabiert noch erfolgt eine systematische Rückbindung an Referenztheorien. Es geht ihnen darum, konsensfähige programmatische Ziele zu definieren, um Leitlinien für die vielfältigen Unterrichtsrealitäten in den einzelnen Staaten und Bundesländern zur Verfügung zu stellen.

Die *tatsächliche* Thematisierung des Lerngegenstands Europa im Sachunterricht ist in Deutschland ungewiss. Schöne und Immerfall (2015, S. 77) sprechen von „Europabildung in der Grundschule, die in der Realität fast nicht stattfindet". Dass über die Praxis des Sachunterrichts kaum etwas bekannt ist und zudem empirische Erhebungen fehlen, bilanziert auch Richter (2015). Die vorhandenen Unterrichtsvorschläge zum Themenfeld Europa beschäftigten sich „hauptsächlich mit kulturellen und sprachlichen Besonderheiten der Mitgliedsstaaten", wobei eine inhaltliche Auseinandersetzung mit dem Proprium ‚Europa' ausbleibe, Europa zudem einseitig positiv dargestellt werde (ebd., S. 113).

Konzeptionen zur Europabildung in der Grundschule, die über praktisch-methodische Vorschläge zu isolierten Unterrichtsstunden hinausgehen, sind „rar", befindet Speck-Hamdan (2009, S. 24) und identifiziert in Übereinstimmung mit Thiedke (2005) lediglich zwei Beiträge, „die europäische Bildung anhand einer differenzierten Darstellung theoretischer Bezüge, methodischer Reflexionen und praktischer Umsetzungsmöglichkeiten konzeptualisieren" (ebd., S. 76): die Publikationen von Büker (1998) sowie von Kasper und Kullen (1992), die beide bereits in den 1990er Jahren erschienen sind.

Soll die Förderung einer ‚europäischen Dimension' im Sachunterricht der Primarstufe kein bildungspolitisches Lippenbekenntnis und ihre Umsetzung keine Angelegenheit der Initiative vereinzelter Lehrkräfte bleiben, ist die Aktualisierung eines konzeptionellen Rahmens von Nöten, der Hinweise auf realistische Lernzugänge, Bildungsziele und -inhalte gibt. Dafür fehlt es an Vorarbeiten, die durch einen einzelnen Beitrag nicht nachgeholt werden können, sondern vielmehr eine mittelfristige Entwicklungsaufgabe darstellen. Hinsichtlich dieser Entwicklungsaufgabe besteht der Anspruch dieses Beitrags darin, Überlegungen zu einem konzeptuellen Rahmen aus einer subjektorientierten Perspektive zu skizzieren. Mit dem Modell der Didaktischen Rekonstruktion (Kattmann 2007; Gropengießer 2001; Lange 2007) orientieren sich diese Überlegungen dabei an einem original aus der fachdidaktischen Lehr-/Lernforschung erwachsenen und interdisziplinär erfolgreich angewendeten Forschungsrahmen.

In diesem werden subjektive Konzepte und wissenschaftliche Perspektiven verknüpft und auf die didaktische Strukturierung von Lerngegenständen bezogen. Leitend ist die These, dass die Strukturierung des Lerngegenstandes weder aus einer wissenschaftlichen Analyse des Referenzobjektes ‚Europa' abgeleitet werden kann noch aus bildungspolitisch einflussreichen Programmatiken der Europabildung (etwa KMK 2008; Europäischer Rat 2015). Die didaktische Strukturierung ist vielmehr aus der Sicht der Bildungssubjekte und ihrer lebensweltlich vermittelten Perspektiven zu bestimmen. Nicht auf die Fachsystematik, sondern auf die Vorstellungen der Lernenden und ihre „Eigenart der Verwicklung mit dem Gegenstand" (Reinhardt 2011, S. 155) richtet sich damit der hier vorgeschlagene Fokus bei der Planung und Gestaltung des Lerngegenstandes Europa im Sachunterricht.

Lebensweltorientierung als Ansatzpunkt

Der Sachunterricht bezieht sich immer auf die Lebenswelt der Schülerinnen und Schüler, „letztlich mit dem Ziel, die Kinder in eben ihrer Lebenswelt handlungsfähig zu machen" (Hartinger 2013, S. 25). Grundschülerinnen und -schüler wachsen in einer europäisch dimensionierten Lebenswelt auf: Urlaub im europäischen Ausland, das Zusammenleben mit Kindern aus verschiedenen Nationen und Kulturen (in Kindergarten, Schule, Wohnumfeld), ein internationales Konsumangebot, europäische und internationale Bezüge in den von Kindern genutzten Medien, schließlich der Euro als Zahlungsmittel (Büker 2001, S. 35; Schauenberg 2015, S. 123). Aus den vielen (bewussten und unbewussten) Einzelerfahrungen in diesen Alltagsbereichen formt sich beim einzelnen Kind ein individuelles, subjektives und häufig mosaikartiges Bild von anderen Ländern und seinen Bewohner/-innen, das sich in der Schule in Form von Vorwissen, Voreinstellungen und Interessen niederschlägt (Büker 2001, S. 36). Dieser Bereich des menschlichen Bewusstseins, innerhalb dessen sich Individuen Vorstellungen über die politisch-gesellschaftliche Wirklichkeit aufbauen, lässt sich mit Lange (2007, S. 59) als Bürgerbewusstsein begreifen. Lernende verarbeiten auf der Grundlage ihrer wirkmächtigen, aber häufig nur halbbewussten, rudimentär ausgeprägten subjektiven Vorstellungen die im Unterricht dargebotenen neuen Informationen. Damit wird die Tragweite der Kenntnis des Bürgerbewusstseins von Schüler/-innen deutlich. Es wirkt als Interpretationsrahmen bei der Aneignung des präsentierten Lernstoffes und beeinflusst den gesamten Verstehensprozess und die Sinnkonstruktion der Schüler/-innen. Das Modell des Bürgerbewusstseins akzentuiert die Kenntnis von Alltagsvorstellungen als faktische Bedingungsfaktoren wirksamer Lehr-/Lernprozesse und betont die Notwendigkeit ihrer themenbezogenen empirischen Erforschung. Unterricht, der von Alltagsvorstellungen ausgeht, erreicht leichter die Weiterentwicklung von bestehenden Konzepten. Entscheidend für den Prozess der Wissensaneignung ist die *Bedeutung*, die eine Information für die Weiterentwicklung der bereits vorhandenen Deutungsmuster besitzt (Landwehr 1995, S.37; vgl. Charles 1997, S.10). Die Kenntnis der bestehenden Alltagsvorstellungen wird damit zu einem Schlüssel für erfolgreichen Unterricht. Sie ermöglicht die Identifizierung von Ansatzpunkten für eine lernwirksame Bildungsarbeit. Über die Notwendigkeit, im Unterricht an die bereits vorhandenen Konzepte der Lernenden „anzuknüpfen", besteht ein Konsens in der Politikdidaktik und in der Sachunterrichts-Didaktik (Autorengruppe Fachdidaktik 2011, GPJE 2004, Kaiser 2006, Weißeno et al. 2010).

Ein subjektorientierter Forschungsrahmen

Für die Fragestellung, wie europapolitisches Lernen von Grundschulkindern unter Berücksichtigung der Schüler/-innenperspektiven didaktisch konkretisiert werden kann, soll im Folgenden der Forschungsrahmen der Didaktischen Rekonstruktion als das strukturgebende Paradigma vorgestellt werden. Das in der naturwissenschaftlichen Didaktik entwickelte Modell wird – erweitert um die Untersuchungsaufgabe der ‚normativen Zielklärung' (Lange 2007) – auch in der sozialwissenschaftlichen Didaktik der Erforschung von Phänomenen der politisch-sozialen Realität angewandt (für den Sachunterricht, z.B. Becher 2009).

Das Modell der Politikdidaktischen Rekonstruktion zeichnet sich durch vier rekursive Untersuchungsschritte aus. Es führt damit verschiedene bisher unverbundene oder sogar konkurrierende Untersuchungsbereiche – (1) die empirische Lehr-/Lernforschung, (2) die hermeneutisch-analytisch arbeitende Wissenschaft, (3) bildungstheoretische Fragestellungen zu normativen Zielbestimmungen und (4) die konzeptionelle Entwicklung von Unterricht und Curriculum – zu einer umfassenden fachdidaktischen Unterrichtsforschung zusammen. Das Zusammenspiel folgender Untersuchungsschritte verspricht Hinweise zu den Erfordernissen und Ansatzpunkten des Lerngegenstandes Europa im Sachunterricht (vgl. Abbildung 1): (1.) die empirische Aufgabe des Erfassens von Schüler/-innenperspektiven, (2.) die reflexive Aufgabe der fachlichen Klärung sachunterricht-didaktisch vermittelter Inhalte, (3.) die normative Aufgabe der Bestimmung des Bildungssinns und (4.) die anwendungsbezogene Aufgabe der didaktischen Strukturierung.

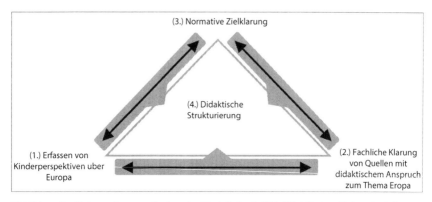

Abbildung 1: Untersuchungsaufgaben im Modell der Politikdidaktischen Rekonstruktion zum Lerngegenstand ‚Europa' im Sachunterricht

Ein Alleinstellungsmerkmal des Modells als Forschungsparadigma besteht darin, dass der Fokus auf der subjektiven Logik der Lernenden liegt. Die subjektiven Deutungsmuster der Lernenden und die wissenschaftlichen Deutungsmuster zu einem Thema werden gleichberechtigt berücksichtigt und in Beziehung gesetzt. Dabei ist unter ‚Didaktischer Rekonstruktion' ein rekursiv verschränkter Prozess zu verstehen, der die alltäglichen Schüler-/innenvorstellungen und die fachdidaktischen Perspektiven zu einem Lerngegenstand miteinander vergleicht. Aus den identifizierten Kongruenzen und Divergenzen werden Konsequenzen für eine lernförderliche didaktische Strukturierung des Unterrichtsgegenstandes abgeleitet. Durch diese Fokussierung der Lernwelten erhält die fachdidaktische Forschung eine neue Wendung, da sie sich in Fragen der Legitimation, Auswahl und Methodisierung nicht länger allein an Sachstrukturen orientiert. Das Modell distanziert sich damit von Ansätzen sogenannter ‚didaktischer Reduktion' als einem bloßen Auswahl- und Vereinfachungsprozess von Informationen aus dem Wissenschaftsbereich. Leitend ist die Annahme, dass erfolgreicher Unterricht nicht von einer angemessenen ‚Vereinfachung' komplizierter Inhalte abhängt, sondern vielmehr davon, Strukturkopplungen zwischen den kognitiven Strukturen der Schüler/-innen und den Lerngegenständen zu ermöglichen.

Häufig wird die Rationalität des wissenschaftlichen Zugangs zu den Phänomenen der Welt positiv abgehoben von den Vorstellungen, die aus dem Alltag und der Lebenswelt der Lernenden stammen, die aber (noch) entwicklungsbedingten Beschränkungen unterliegen und die deshalb im Gegensatz zu wissenschaftlichen Vorstellungen als irrational bezeichnet werden. Dagegen wird im Modell der Didaktischen Rekonstruktion davon ausgegangen, dass jeweils beide Zugänge – der wissenschaftliche und der alltägliche – rational sind: Beide verfügen zunächst über eine prinzipielle Sinnhaftigkeit und Gültigkeit innerhalb des jeweiligen Verwendungskontextes. Das Modell ist durch eine positive Grundhaltung zum „Fehler" bzw. zu „Fehlvorstellungen" gekennzeichnet. Die den Lernenden zur Verfügung stehenden lebensweltlichen Vorstellungen sind – auch wenn sie aus wissenschaftlicher Perspektive inkorrekt sind – nicht zuvorderst als Lern*hindernisse*, sondern als Lern*bausteine* zu betrachten, die Aufschlüsse über das Denken von Kindern liefern können.

Welche Untersuchungsschritte sind es nun, die das Modell der Politikdidaktischen Rekonstruktion zur Strukturierung eines Lerngegenstandes vorsieht, und in welchem Verhältnis stehen diese zu bestehenden wissenschaftlich elaborierten Befunden zum Thema Europa in der Grundschule?

Untersuchungsschritt 1 – Erfassen von Lernerperspektiven:
Zwar existieren inzwischen eine Fülle von empirischen Befunden über kindliche Vorstellungswelten, jedoch überwiegend zu solchen Bereichen, die sich akzentuierend der Physik bzw. der unbelebten Umwelt, der Biologie und der ‚naiven' Psychologie zuordnen lassen (Mischo 2013, S. 139). Empirische Hinweise zur Sachdidaktik fehlen demgegenüber weitgehend. Sowohl im deutschen als auch im englischsprachigen fachdidaktischen Diskurs wird deshalb eine empirische Grundlagenforschung über Schüler/-innenvorstellungen zu Themen der politisch-sozialen Wirklichkeit eingefordert (z.B. Chareka und Sears 2006; van Deth et al. 2007, Lange 2007).

Die empirische Erhebung von Lernerperspektiven wird von folgender Frage geleitet: ‚Welche individuellen Vorstellungen, also Begriffe, Konzepte und Denkfiguren haben die Grundschülerinnen und Grundschüler über die sozialen, politischen und geografischen Aspekte von Europa aufgebaut?' Zudem kann bezogen auf den Kompetenzbereich Einstellung/Motivation gefragt werden, ob zu Europa unter Grundschüler/-innen bestimmte Einstellungen vorhanden sind, die als Ausgangspunkt von Lernarrangements aufgegriffen werden sollten (vgl. zur Stärkung der Rolle affektiver und sozialer Aspekte im Modell der Didaktischen Rekonstruktion, Gropengießer 2001, S. 226). Dabei kann es mit Richter (2015, S. 118) sinnvoll sein, gegen eventuell vorhandene negative Einstellungen gegenüber Angehörigen anderer Staaten vorzugehen bzw. präventiv zu arbeiten:

Wie eine Pilotstudie zu Vorstellungswelten über Europa unter Grundschüler/-innen von Büker (2001) veranschaulicht, werden west- und südeuropäische Länder (Spanien, Frankreich, Italien) überwiegend positiv beurteilt, jedoch häufig aus einer stereotypisierenden Touristenperspektive heraus: „Ich möchte gerne in Frankreich leben, weil da Euro-Disney ist" (ebd., S.36). Nicht selten werden, vermittelt durch Medien und Werbung, bestimmte Europäer/-innen im Sinne von Exotik, Abenteuer und Sorglosigkeit dargestellt (Frankreich als Feinschmeckerparadies, Italien als sonniges Urlaubsland) – „klischeehaft-vereinfachte Perspektiven des Fremden vermitteln häufig auch Zeichentrickfilme, die sich bei Kindern als vermeintliches Wissen und als Bewertungskriterium für andere Länder und Völker niederschlagen" (ebd., S.36). So werden etwa „die Informationen, die Schülerinnen und Schüler aus den Medien aufnehmen und zu individuellen Konzepten umformen, […] häufig als Elemente der Lebenswelt nicht wahrgenommen und mithin nicht in den Unterricht einbezogen", kritisiert Schauenberg (2015, S.122f.).

Bei der Analyse von Schüler/-innenvorstellungen ist zu bedenken, dass die teils eigenwilligen Klassifikationskategorien der Kinder durch die im sozialen und kulturellem Umfeld virulenten gesellschaftlichen Deutungsmuster ‚vorgeformt' sind. Diese werden aber nicht unverändert aufgenommen, sondern das individuelle Wahrnehmungsfeld wird gemäß momentaner Bedürfnisse, persönlichen Suchrastern und Interpretationstheorien selektioniert und strukturiert (Charles 1997, S.2). Das heißt für Bildungspraktiker/-innen auch, virulente Stereotype und negative Einstellungen nicht zuvorderst in den Köpfen der Lernenden zu suchen, sondern sie als einen Spiegel gesellschaftlich einflussreicher Diskurse aufzugreifen. Bestehende Studien weisen auf einen Umstand hin, der für die Konzeption der Erhebung von Kindervorstellungen folgenreich ist: Die europabezogenen Vorstellungen von sechs- bis zehnjährigen orientieren sich an einer Mikro-Perspektive, also an Details – „dies erscheint verständlich, sind diese doch auffälliger, konkreter, anschaulicher und leichter zu erfassen als gemeinsame, aus der Fülle der Einzelinformationen erarbeitete übergeordnete Merkmale" (Charles 1997, S.3). In der Pilotstudie von Büker (2001, S.36) kann anhand von zwei Kinderantworten dokumentiert werden, wie situationsspezifische Details für die generalisierte Beurteilung eines Landes verwendet werden: „Ich möchte gerne in Frankreich leben, weil die so schöne große Tassen haben" und "Ich möchte gerne in Holland leben, weil es dort so schöne Campingplätze gibt und die Mayonnaise schmeckt so gut". Auch eine standardisierte Befragung von van Deth et al. (2007) gibt Hinweise darauf, dass das Wissen von Grundschulkindern stark mit alltagsgebräuchlichen Symbolen verknüpft ist. Während etwa die europäische Flagge am Ende des ersten Schuljahrs von 65 % der Kinder richtig ausgewählt wird, ist das Wissen um die Definition Europas weniger verbreitet: 24 % der Kinder wissen, dass Europa mehrere Länder bezeichnet, etwa gleich viele halten Europa aber für eine Stadt oder ein Land (ebd., 233 f.)

Untersuchungsschritt 2 – Fachliche Klärung politikdidaktisch vermittelter Inhalte:
Die didaktische Herausforderung, die sich der empirischen Bestandsaufnahme von Alltagsvorstellungen anschließt, besteht in der Reflexion von Bildungsinhalten welche die subjektiven Verstehensprozesse angemessen unterstützen (Lange 2011b, S.107). Angenommen wird also, dass theoretische Einsichten und Tatsachen über ‚Europa' nicht als solche, sondern unter dem Scheinwerfer einer sachunterrichts-didaktischen Perspektive zu selektieren und zu betrachten sind, das heißt unter der normativen Frage, welchen Beitrag sie zu einer demokratischen Bürgerschaftsbildung leisten.

Detailliertes Wissen über europäische Institutionen, Verfahren und Integrationsprozesse steht nicht im Zentrum der Vermittlungsabsichten. Solches Wissen ist stattdessen als Ressource zu nutzen, um Konstruktionsprozesse der Schüler/-innen zu unterstützen, das heißt den Sachverhalt Europa zu erschließen, Zusammenhänge herzustellen, Erfahrungen zu strukturieren und zunehmend konsistent zu begründen: „Die besondere Aufgabe des Sachunterrichts besteht darin, Schülerinnen und Schüler darin zu unterstützen, ihre natürliche, kulturelle, soziale und technische Umwelt sachbezogen zu verstehen, sie sich auf dieser Grundlage bildungswirksam zu erschließen und sich darin zu orientieren, mitzuwirken und zu handeln" (GDSU 2013, S.9). Der Sachkundeunterricht als vielperspektivisches Fach verlangt es insofern, gleichermaßen gesellschaftswissenschaftliche, geografische und historische Inhalte und Themen des Lernfeldes Europa aufzugreifen. Es gilt, davon auszugehen, dass in jedem Gegenstand verschiedene Perspektiven bedeutsam sind und wir nur dann „einigermaßen adäquat zu handeln [lernen], wenn wir übergreifend denken und beurteilen gelernt haben. […] Eine Integration verschiedener Zugangsweisen im Sachunterricht ist ein Anfang, die Welt besser durchschaubar zu machen" (Kaiser/Pech 2004, S.22 f.).

Der Untersuchungsschritt der fachlichen Klärung bezeichnet die methodisch kontrollierte Inhaltsanalyse von theoretischen Quellen über Europa. Welche Quellen sind dies konkret? Im Rückgriff auf Kattmann et al. (1997, S.11) ist der Begriff der fachlichen Klärung im Kontext von Sachunterricht als eine „grundschul- und sachunterrichtsdidaktisch-fokussierte fachliche Klärung" zu verstehen, das heißt „die Sachunterrichtsdidaktik wird als die den analysierenden Forschungsschritt der fachlichen Klärung (an)weisende und (an)leitende

Metawissenschaft eingeordnet" (Becher 2009, S.25). Vorgeschlagen wird damit, nicht eine Analyse *wissenschaftlicher Quellen* zu vollziehen, sondern eine „Analyse grundschul- und sachunterrichtsdidaktischer und –relevanter Konzepte und Angebote" wie etwa Rahmenlehrpläne für Grundschulen, Sachunterrichtsbücher und Unterrichtsmaterialien (ebd., S.25). Gegenstand der fachlichen Klärung ist also eine begründete Auswahl an *Quellen mit fachdidaktischem Anspruch* wie Lehrbuchtexte und Unterrichtsmaterialien sowie Richtlinien mit bildungstheoretischem Impetus. Die dort getroffenen Aussagen werden mit den subjektiven Vorstellungen von Kindern verglichen.

Untersuchungsschritt 3 – Normative Zielklärung:
Die Herausforderung europapolitischer Bildung besteht aus sachunterrichtsdidaktischer Perspektive nicht allein darin, die Inhalte und die Bedeutung von Europa verständlich zu machen. Es geht nicht um die Addition von Unterrichtsstoff geographischer, historischer und politischer Facetten, selbst wenn diese anschlussfähig an das Vorverständnis der Kinder sind. Die Auseinandersetzung mit Europa muss vielmehr unter einer *normativen* Zielklärung stattfinden. Im Mittelpunkt der normativen Reflexion des Schrittes ‚Zielklärung' steht die übergeordnete Frage, welchen Beitrag der Lerngegenstand dazu beitragen kann „dass sich in unserer Gesellschaft das demokratische Ziel einer humanen Wirklichkeit für alle Menschen entfalten kann" (Kaiser 2006, S.101). In diesem Sinne ist darauf hinzuweisen, dass ein tragfähiger Europabegriff weltoffen sein muss (Büker 2001, S.37). Detlef Pech (2005) fordert, „'Gesellschaft' und die Fähigkeiten zu ihrer Gestaltung im Sachunterricht und seiner Didaktik […] ins Zentrum eines sachunterrichtlichen Bildungsbegriffes zu stellen" (ebd., S.3).

Untersuchungsschritt 4 – Didaktische Strukturierung:
Als didaktische Strukturierung wird der Prozess bezeichnet, der zu zielgruppenadäquaten Ziel, Inhalts- und Methodenentscheidungen für einen sinnvollen, lernförderlichen Unterricht über den Lerngegenstand Europa führt. Die Forschungsaufgabe der Didaktischen Strukturierung wird von folgender Frage geleitet: ‚Welche der lebensweltlichen Vorstellungen von Schüler/-innen korrespondieren mit den in fachdidaktischen Konzepten transportierten wissenschaftlichen Vorstellungen dergestalt, dass sie für ein angemessenes und fruchtbares Lernen genutzt werden können?'. Das übergreifende Ziel dieses Schritts besteht in der Entwicklung von Konzepten, Methoden und Leitlinien sowie in der empirisch gestützten Empfehlung von Lernzugängen, von Bildungsinhalten

und Zielen des Lerngegenstandes. Hierzu werden die Ergebnisse des Untersuchungsschritts der fachlichen Klärung mit den erhobenen Schüler/-innenvorstellungen verknüpft. Der detaillierte, wechselseitige und kontrastierende Vergleich der Vorstellungen von Wissenschaftler/-innen und Schüler/-innen zielt auf das Erkennen von lernförderlichen Korrespondenzen und voraussehbaren Lernschwierigkeiten: „Pädagogische Arbeit kann nur darin bestehen, die Alltagsspekulation der Kinder, die Fantasie als Materie aufzugreifen und umzustrukturieren, zu entwickeln, nicht einfach parallel dazu oder dagegen etwas zu setzen" (Negt 1982, S. 134). Mit der Frage, wie bestehende Vorstellungen das Verstehen von Sachverhalten beeinflussen und wie die Weiterentwicklung vorhandener Vorstellungen gelingen kann, beschäftigt sich die Conceptual Change Forschung. Ihre grundlegende Annahme lautet, dass Wissensaufbau nicht die Anhäufung neuer Informationen von einem Nullpunkt aus meint, sondern vielmehr die Transformation bestehender Wissenselemente. Ziel des Unterrichts ist es insofern, „vorhandene Vorstellungen zu aktivieren und Lernanlässe zu geben, diese zu wandeln und auszudifferenzieren" (Lange 2011b, S. 101). Das Ziel des Unterrichts besteht nicht in einem radikalen Austausch von „falschen" mit „korrekten" Konzepten, sondern in der Weiterentwicklung, Vertiefung und Reflexion bestehender Konzepte.

Fazit

Die KMK-Empfehlung zur Europabildung in der Schule empfiehlt lakonisch, das Thema Europa „dort auf[zugreifen], wo der Erlebnis- und Erfahrungshorizont der Schülerinnen und Schüler dies erlaubt" (KMK 2008, S. 7). Im Sinne einer solchen Lebensweltorientierung konkretisiert dieser Beitrag methodische Wege der Berücksichtigung von Schülervorstellungen und schärft den Blick für die subjektive Seite des Lerngegenstandes Europa.

Ein Bildungsangebot für Grundschulkinder, das von „der Lebenswelt und den Erfahrungen der Kinder ausgeht, die Interessen und Bedürfnisse der Kinder berücksichtigt […] verlangt von Lehrerinnen und Lehrern ein hohes Maß an fachlicher Kompetenz" pointiert Bergmann die Herausforderungen eines subjektorientierten Ansatzes (1996, S. 340 f.). Die Fachdidaktik steht damit vor der Aufgabe, Lehrenden den Aufbau einer solchen Wahrnehmungs- und Gestaltungskompetenz zu ermöglichen, die es ihnen erlaubt, Kinderperspektiven über Europa im Verlauf des Unterrichtes zu identifizieren, zur Sprache zu bringen und sie im Klassenverbund zu reflektieren.[1] Die Kenntnis von Schüler/-innenvorstellungen bedeutet nicht, die bildungstheoretische Frage nach dem ‚was' und ‚wozu' von Lernen über Europa aus der fachdidaktischen Reflexion auszublenden; vielmehr wird sie als Frage nach den Relevanzstrukturen und Hierarchien in den Alltagsvorstellungen der Lernenden in diesem Schritt erst konkret aufgeworfen[2] (Grammes/Wicke 1991, S.12). Für diese Zukunftsaufgabe stellt das Modell der Politikdidaktischen Rekonstruktion einen Forschungsrahmen bereit. Das Modell regt Studien an, die einen Beitrag zu einer Professionalisierung der Lehrendentätigkeit im Sinne der Fähigkeit leisten, sensibel die „Erlebnis- und Erfahrungshorizonte" (KMK 2008, S.7) der Schülerinnen und Schüler wahrzunehmen und adressatenspezifische Lernimpulse zu entwickeln.

Die Entwicklung von sachunterrichtlichen Lehr-Lernarrangements zu Europa folgt dann nicht allein dem Ziel, den ermittelten Interessen und Fragen der Kinder zu folgen, sondern diese durch lernwirksame Impulse zu fördern und solche politische Interessenansätze zu initiieren, die es Kindern ermöglichen, sich selbst als politisch kompetente Subjekte sowie Bürgerinnen und Bürger Europas zu erfahren.

Literatur

Autorengruppe Fachdidaktik (2011): Sozialwissenschaftliche Basiskonzepte als Leitideen der politischen Bildung – Perspektiven für Wissenschaft und Praxis, in: Besand, Anja/Grammes, Tilman/Hedtke, Reinhold/Lange, Dirk/Petrik, Andreas/Reinhardt, Sibylle (Hrsg.): Konzepte der politischen Bildung. Eine Streitschrift, Schwalbach/Ts., S.163–171.

Becher, Andrea (2009): Die Zeit des Holocaust in Vorstellungen von Grundschulkindern, Oldenburg.

---

1 Hierbei ist auf eine folgenreiche Unterscheidung aufmerksam zu machen: Die Erhebung von Kinderperspektiven während des Unterrichts durch diagnostische Methoden (z.B. durch ein Brainstorming oder durch Kartenabfrage) und die wissenschaftlich systematisierte Erhebung von Kinderperspektiven im Modell der Didaktischen Rekonstruktion sind nicht miteinander identisch. Die Diagnostik von Kindervorstellungen im Klassenraum kann durch den Rückgriff auf systematische fachdidaktische Studien erleichtert werden. Diese stellen Kategorien und Typologien bereit, mit denen Kindervorstellungen im Unterricht leichter identifiziert und nachvollzogen werden können, indem sie grundsätzliche Reichweiten und die Bezogenheit von Kindervorstellungen zu einem bestimmten Thema sichtbar machen.
2 Konträr hierzu argumentiert Richter, dass „‚der Kinderblick' […] der Bestimmung von Lernvoraussetzungen, nicht von Zielen" (Richter 2002, S.59) dient.

Bergmann, Klaus (1996): Historisches Lernen in der Grundschule, in: Siegfried, George/Prote, Ingrid/Behrmann, Gisela (Hrsg.): Handbuch zur politischen Bildung in der Grundschule, Schwalbach/Ts., S. 319–342.

Büker, Petra (1998): Erziehung zu europäischer Verständigung in der Grundschule. Bedingungen didaktische Konkretisierung – Realisationsmöglichkeiten, Paderborn.

Büker, Petra (2001): Europa – (k)ein Thema für die Grundschule?, in: Grundschule, H. 4, S. 34–40.

Chareka, Ottilia/Sears, Alan (2006): Civic Duty: Young People's Conceptions of Voting as a Means of Political Participation, in: Canadian Journal of Education, H. 2, S. 521–540.

Charles, Max (1997): Verstehen heißt Verändern. ‚Conceptual Change' als didaktisches Prinzip des Sachunterrichts, in: Richard Meier (Hrsg.): Sachunterricht in der Grundschule. Frankfurt/M., S. 62–89. Online: http://www.wl-lang.de/Lernbereich%20SU/Verstehen%20heisst%20Veraendernu.pdf, Zugriff am 22.02.2017.

Europäischer Rat (2015): Erklärung zur Förderung von Politischer Bildung und der gemeinsamen Werte von Freiheit, Toleranz und Nichtdiskriminierung, Paris. Online: https://eu.daad.de/medien/eu/KA3/pariser_erklärung_von_2015.pdf, Zugriff am 01.02.2017.

GDSU (2013): Perspektivrahmen Sachunterricht, vollständig überarbeitete und erweiterte Ausgabe, Bad Heilbrunn.

Grammes, Tilman/Wicke, Kurt (1991): Schülerkonzepte - Leistungen und Grenzen eines Paradigmas in den sozialwissenschaftlichen Fachdidaktiken, in: Grammes, Tilman (Hrsg.): Die Gesellschaft aus der Schülerperspektive. Schwedische Beiträge zu einer didaktischen Phänomenographie, Hamburg, S. 7–27.

Gropengießer, Harald (2001): Didaktische Rekonstruktion des „Sehens". Wissenschaftliche Theorien und die Sicht der Schüler in der Perspektive der Vermittlung, 2. überarbeitete Auflage, Oldenburg.

Hartinger, Andreas (2013): Sachunterricht heute – Konzeptionierung und Befunde aus der Forschung, in: Eva Gläser (Hrsg.): Sachunterricht in der Grundschule. Entwickeln – gestalten – reflektieren, Frankfurt/M., S. 24–34.

Kaiser, Astrid (2006): Neue Einführung in die Didaktik des Sachunterrichts, Baltmannsweiler.

Kaiser, Astrid/Pech, Detlef (2004): Auf dem Weg zur Integration durch neue Zugangsweisen, in: Astrid Kaiser/Pech, Detlef (Hrsg.): Integrative Zugangsweisen für den Sachunterricht, Baltmannsweiler, S. 3–28.

Kasper, Hildegard/Kullen, Siegfried (1992): Europa für Kinder. Europäisches Lernen in der Grundschule, Frankfurt/M.

Kattmann, Ulrich (2007): Didaktische Rekonstruktion – eine praktische Theorie, in: Dirk Krüger (Hrsg.): Theorien in der biologiedidaktischen Forschung. Ein Handbuch für Lehramtsstudenten und Doktoranden, Berlin, S. 93–104.

Kattmann, Ulrich/Duit, Reinders/Gropengießer, Harald/Komorek, Michael (1997): Das Modell der didaktischen Rekonstruktion. Ein Rahmen für naturwissenschaftliche Forschung und Entwicklung, in: Zeitschrift für Didaktik der Naturwissenschaften, H. 3, S. 3–18.

KMK (2008): Europabildung in der Schule. Empfehlung der Ständigen Konferenz der Kultusminister der Länder in der Bundesrepublik Deutschland. (Beschluss der Kultusministerkonferenz vom 08.06.1978 i. d. F. vom 05.05.2008). Online: www.kmk.org/fileadmin/veroeffentlichungen…/1978_06_08_Europabildung.pdf, Zugriff am 27.02.2017.

Landwehr, Norbert (1995): Neue Wege der Wissensvermittlung. Ein praxisorientiertes Handbuch für Lehrpersonen im Bereich der Sekundarstufe II (Berufsschulen, Gymnasien) sowie in der Lehr- und Erwachsenenbildung, 2. Auflage, Aarau.

Lange, Dirk (2007): Politik didaktisch rekonstruiert. Zur Erforschung von Politikbewusstsein im Oldenburger Promotionsprogramm ProDid, in: Kursiv. Journal für politische Bildung, H. 2, S. 50 – 57.

Lange, Dirk (2011a): Bürgerbewusstsein empirisch – Gegenstand und Methoden fachdidaktischer Forschung zur Politischen Bildung, in: Lange, Dirk/Fischer, Sebastian (Hrsg.): Politik und Wirtschaft im Bürgerbewusstsein: Untersuchungen zu den fachlichen Konzepten von Schülerinnen und Schülern in der Politischen Bildung, Schwalbach/Ts., S. 12 – 21.

Lange, Dirk (2011b): Konzepte als Grundlage der politischen Bildung. Lerntheoretische und fachdidaktische Überlegungen, in: Besand, Anja/Grammes, Tilman, Hedtke, Reinhold/Lange, Dirk/Petrik, Andreas/Reinhardt, Sibylle (Hrsg.): Konzepte der politischen Bildung. Eine Streitschrift, Schwalbach/Ts., S. 95 – 109.

Mischo, Christoph (2013): Vorwissen, Interesse und Präkonzepte von Kindern. Beispiele und Bedeutung für die Umgestaltung im Sachunterricht, in: Gläser, Eva (Hrsg.): Sachunterricht in der Grundschule. Entwickeln – gestalten – reflektieren, Frankfurt/M., S. 133 – 144.

Negt, Oscar (1982): Die Alternativpädagogik ist ohne Alternative, in: Beck, Heiner/Boehnke, Johannes (Hrsg.): Jahrbuch für Lehrer 7. Selbstkritik der pädagogischen Linken: Einsichten und Aussichten; Reinbek bei Hamburg, S. 114 – 144.

Pech, Detlef (2005): Dauerzitation ohne Konsequenz. Oder: Sachunterricht ist Politische Bildung. Eine (essayistische) Annäherung an Wolfgang Klafkis Allgemeinbildungsbegriff im Sachunterrichtsdiskurs auf der Höhe der Zeit, in: Widerstreit Sachunterricht. Online: www.widerstreit-sachunterricht.de/ebeneII/arch/klafki/pechklaf.pdf, Zugriff am 02.02.2017.

Reinhardt, Sibylle (2011): Fachdidaktische Prinzipien als Brücken zwischen Gegenstand und Methode: Unterrichtsplanung, in: Besand, Anja/Grammes,Tilman/Hedtke, Reinhold/ Lange, Dirk/Petrik, Andreas/Reinhardt, Sibylle (Hrsg.): Konzepte der politischen Bildung. Eine Streitschrift, Schwalbach/ Ts., S. 142 – 162.

Richter, Dagmar (2015): Politische EU-Bildung in der Grundschule?, in: Oberle, Monika (Hrsg.): Die Europäische Union erfolgreich vermitteln, Wiesbaden, S. 111 – 120.

Schauenberg, Eva-Maria (2015): Europa im vielperspektivischen Sachunterricht, in: Oberle, Monika (Hrsg.): Die Europäische Union erfolgreich vermitteln, Wiesbaden, S. 121 – 132.

Schöne, Helmar/Immerfall, Stefan (2015): EU-Bildung in der Schule – Erfahrungen und Desiderate, in: Oberle, Monika (Hrsg.): Die Europäische Union erfolgreich vermitteln, Wiesbaden, S. 67 – 80.

Speck-Hamdan, Angelika (2009): Europäisierung als Perspektive: Die Balance zwischen Einheit und Vielfalt, in: Röhner, Charlotte/Henrichwark, Claudia/Hopf, Michaela (Hrsg.): Europäisierung der Bildung. Konsequenzen und Herausforderungen für die Grundschulpädagogik, Wiesbaden, S. 21–29.

Thiedke, Mike (2005): Grundschulkinder und Regionalräume. Vom Wissen über die Region zu Wissen für Europa, Bad Heilbrunn. Online: http://fox.leuphana.de/portal/de/publications/grundschulkinder-und-regionalraume--vom-wissen-uber-die-region-zu-wissen-fur-europa(aeb42284-89cc-4aef-ac4a-b032c27fa0c9).html, Zugriff am 23.11.2017.

van Deth, Jan W./Abendschön, Simone/Rathke, Julia/Vollmar, Meike (Hrsg.) (2007): Kinder und Politik. Politische Einstellungen von jungen Kindern im ersten Grundschuljahr, Wiesbaden.

II. Europawissen von Kindern

SIMONE ABENDSCHÖN UND
MARKUS TAUSENDPFUND

Was wissen Kinder von Europa?

1. Einleitung

Politik und Politikwissenschaft interessieren sich erst seit einigen Jahren für die Einstellungen der Bevölkerung zur Europäischen Union (ausführlich Tausendpfund 2013, S. 48–54). Insbesondere im Zuge der Diskussion über die sogenannte „Legitimitätskrise" (Hooghe/Marks 2009) der europäischen Staatengemeinschaft seit den frühen 1990er Jahren wurde auf einmal wichtig, was die Menschen im politischen Mehrebenensystem dachten und sagten (McLaren 2006). Dabei wurde der EU „Bürgerferne" bescheinigt, die unter anderem dazu beigetragen hätte, dass die Bürgerinnen und Bürger der europäischen Staatengemeinschaft selbst skeptisch und „fern" gegenüber stünden (Haller 2009). Eine geringe Beteiligung bei den Europawahlen (Steinbrecher 2014), ein geringes politisches Wissen über die EU und ihre Institutionen (Maier/Bathelt 2013; Westle 2015) sowie eine geringe – und im Zeitverlauf eher sinkende – politische Unterstützung deuten in diese Richtung (Eichenberg/Dalton 2007; Braun/Tausendpfund 2014).

Aus einer politischen Sozialisations- und Bildungsperspektive argumentieren wir, dass eine im Lebenslauf frühe Beschäftigung mit dem Thema Europa zum Verständnis sowie zur politischen Auseinandersetzung und Einstellungsbildung beitragen kann und im Zuge einer Europabildung aufgegriffen werden sollte. Wir gehen davon aus, dass das frühe Kennenlernen dieses „fernen" politischen Systems (Anderson 1998; Wagner 2012) eine wichtige Grundlage bildet, um den Erwerb fundierter Kenntnisse über die Staatengemeinschaft zu ermöglichen. Jüngere Studien zur politischen Sozialisation von Kindern weisen zudem darauf hin, dass Kinder bereits zu Beginn der Grundschule über Einstellungen, Wissen und Werte bezüglich Politik und Gesellschaft verfügen (van Deth u.a. 2007; Tausendpfund 2008; Abendschön 2010). Während dies für das politische System Deutschlands, welches in persönlicher aber auch medialer politischer Kommunikation dominiert, fast selbstverständlich ist, stellt sich die Frage, was Kinder über ein politisches Gebilde wissen können, das zunächst „fern" zu sein scheint, aber dennoch einen großen Einfluss auf das Leben der Menschen hat.

Vor diesem Hintergrund beschäftigen wir uns in diesem Beitrag mit folgenden Fragen: Was wissen Kinder von Europa? Verfügen bereits Grundschüler über basale Kenntnisse zur Staatengemeinschaft? Wenn ja, existieren Unterschiede zwischen Jungen und Mädchen, zwischen Kindern mit und ohne Migrationshintergrund oder in Abhängigkeit der sozialen Herkunft?

Um diese Fragen zu beantworten, ist dieser Beitrag wie folgt strukturiert: zunächst geben wir einen Überblick über aktuelle Erkenntnisse zum politischen Wissen von Kindern und zu den möglichen Einflussfaktoren auf das Europawissen von Grundschülern. Im anschließenden Teil folgen die empirischen Analysen, die zwei Ziele verfolgen: Zunächst wird die Entwicklung des Europawissens bei Kindern deskriptiv nachgezeichnet. Anschließend werden gruppenspezifische Unterschiede betrachtet und mögliche Erklärungen für diese Unterschiede diskutiert.

2. Die Entwicklung politischen Wissens im Grundschulalter

Neuman (1986, S.56) unterscheidet drei Komponenten politischer Kompetenz: Salienz, Wissen und Konzeptualisierung. Politische Salienz ist der erste Schritt einer umfassenderen politischen Kompetenz, welche Interesse und Aufmerksamkeit gegenüber dem politischen System umfasst. Politisches Wissen definiert Neuman (1986, S. 54) als „familiarity with major political issues and accurate knowledge of prominent political figures and events". Die Konzeptualisierungdimension umfasst die Fähigkeit, auf Basis von Fakten und abstrakten Konstrukten politische Sachverhalte zu bewerten.

Frühe Studien zur politischen Sozialisation (Greenstein 1965; Hess/Torney 1967; Easton/Dennis 1969) konnten zeigen, dass politische Salienz und politisches Faktenwissen bereits in der Kindheit stattfindet. Auch wenn der Fokus dieser frühen Studien weniger auf kognitive, sondern vor allem auf affektive Einstellungen abzielte, gab das frühe Programm der politischen Sozialisationsforschung wertvolle Hinweise darauf, dass Kinder während der Grundschuljahre politisches Wissen kumuliert anhäufen und erste politische Konzepte entwickeln. Jüngere Studien mit Grundschulkindern machen deutlich, dass politisches Faktenwissen, aber auch erste Konzepte zumindest rudimentär vorhanden sind, teilweise Misskonzepte bestehen, die aber durchaus Teil einer generellen domänenspezifischen kognitiven Entwicklung sind (Gemmeke 1998; Hafner 2006; van Deth u.a. 2011; Götzmann 2015 und 2017). In diesem Beitrag konzentrieren wir uns auf politische Salienz und politisches Faktenwissen bei Kindern als ersten Schritt zu einem elaborierteren Konzept über die Staatengemeinschaft.

2.1 Europawissen von Kindern

Beim Bezahlen am Kiosk, beim Urlaub mit den Eltern in Frankreich oder auch beim Schauen der Kindernachrichten von ARD und ZDF, wenn über die Rettung von Flüchtlingen in Griechenland berichtet wird: in unterschiedlichen Facetten kommen bereits Grundschüler mit Europa und der Europäischen Union in Berührung. Neben Deutschland als Nationalstaat trat in den vergangenen Jahrzehnten Europa als politisches Sozialisationsobjekt (z.B. durch europäische Symbole wie Flagge und Eurozeichen) immer stärker in den Vordergrund.

Die in der Studie „Demokratie Leben Lernen" (DLL) befragten Kinder gehören der ersten Generation an, für die der Euro als Zahlungsmittel selbstverständlich ist. Bereits die qualitativen Interviews der Studie zeigten, dass die 6-7-Jährigen mit verschiedenen Symbolen der europäischen Staatengemeinschaft etwas anfangen konnten, so wurden beispielsweise das Eurozeichen oder auch die europäische Flagge von vielen Kindern richtig zugeordnet. Ein Verständnis eines abstrakten Europabegriffs als Staatengebilde war allerdings kaum vorhanden, was die Vermutung der Interviewerinnen, dass „‚Europa' in dieser Gruppe (noch) nicht in das Bewusstsein vorgedrungen ist" bestätigt (Berton/ Schäfer 2005, S. 16; siehe auch den Literaturüberblick bei Richter 2015). Europa scheint als Begriff durchaus bekannt zu sein, hat allerdings eher Schlagwortcharakter. Zwei Studien zeigen, dass aber aktuelle Ereignisse, die mit der EU zu tun haben, auch die politische Themenwahrnehmung von Kindern beeinflussen: Die griechische Schuldenkrise und die sie begleitenden EU-Verhandlungen wurden bei Haug (2017) von einigen Kindern als wichtiges politisches Thema ausgemacht. In Gemmekes (1998) älterer Untersuchung, die während des Jugoslawienkriegs stattfand, fiel das Schlagwort Europa häufig im Kontext des Wunsches einiger Kinder nach einer friedlichen Konfliktlösung durch „Europa".

2.2 Einflussfaktoren auf das Europawissen der Kinder

Mit Blick auf mögliche Gruppenunterschiede im Europawissen der Kinder lassen sich, anknüpfend an die Ergebnisse zu generellem politischem Wissen bei Kindern (Vollmar 2012; Götzmann 2015), folgende Unterschiede vermuten.

Alter und Klassenstufe

Je älter Kinder sind, desto größer ist die Chance, dass sie mit politischen Informationen konfrontiert werden. Studien zeigen, das mit steigendem Alter ihr politisches Wissensniveau ansteigt (z.B. Allen u.a. 1997, S. 170f; Abendschön/Tausendpfund 2017) und ihr Wissen präziser wird (z.B. Thompson 1979, S. 75–77). In dieser Hinsicht misst das Alter, entwicklungspsychologisch argumentiert, den generellen Entwicklungsstand der kindlichen Kompetenzen (z.B. Moore u.a. 1985). Aus dieser Perspektive würden wir erwarten, dass ältere Kinder über ein höheres Europawissen verfügen als jüngere. Allerdings deuten weitere Studien darauf hin, dass es sich bei der Entwicklung politischen Wissens um einen graduellen Prozess handelt, in dem die Schulklasse und weniger das biologische Alter entscheidend für den kognitiven Stand sind (Gemmeke 1998, S. 279). Die kognitiven Fähigkeiten von Kindern könnten demnach „be caused by the interaction between information available at different age levels and the relevant conceptual structures already possessed by children" (Berti/Andriolo 2001, S. 368). Die Organisationsform Schulklasse fasst häufig Kinder mit einem ähnlichen hohen Kompetenzniveau zusammen, Altersunterschiede innerhalb einer Klasse bedeuten demnach, dass ein kognitiv kompetentes sechsjähriges Kind mit einem „langsameren" achtjährigen Kinder verglichen werden kann (Gemmeke 1998, S. 108–9). Zudem lässt sich vermuten, dass im Vergleich zu den Klassenkameraden wesentlich ältere Kinder sich insgesamt kognitiv langsamer entwickelt haben (und deshalb später eingeschult wurden oder die Klasse wiederholt haben). Deshalb lautet die entgegengesetzte Vermutung, dass Alter entweder keinen Effekt hat oder aber ein höheres Alter mit einem geringeren Wissensniveau zusammenhängt. Demgegenüber sollte das Europawissen mit der Klassenstufe ansteigen.

H1: Das Wissensniveau steigt mit der Klassenstufe.

H2: Innerhalb einer Klassenstufe haben ältere Schüler ein geringeres Wissensniveau.

Geschlecht

Studien zum politischen Wissen von Kindern, Heranwachsenden und Erwachsenen haben wiederholt geschlechtsspezifische Unterschiede festgestellt. Frauen schnitten häufig schlechter bei Wissenstests ab als Männer (Dow 2009). Dies hängt allerdings auch von den abgefragten Wissensdomänen ab. Bei Fragen zu internationaler Politik wussten Jungen deutlich mehr, bei anderen, wie beispielsweise Themen lokaler Politik, gab es keine signifikanten Unterschiede (Pereira u.a. 2015; Simon 2017). Für den gender gap existieren verschiedene Erklärungen: Mit Blick auf Kinder bietet sicherlich der sozialisationstheoretische Ansatz einen interessanten Zugang, und in diesem Zusammenhang auch methodische Aspekte (vgl. Simon 2017). Kinder werden nach wie vor in Geschlechtsrollen sozialisiert, die Frauen als stärker empathisch und weniger politisch sehen als Männer (z.B. Orum u.a. 1974, S. 198). Mädchen werden zu mehr Empathie, Altruismus und

Familiensinn erzogen, während sich Jungen dem öffentlichen Leben stellen sollen, was auch politisches Interesse beinhaltet. Dadurch spiegelt der gender gap im politischen Wissen die Geschlechtsunterschiede, die wir auch bei Erwachsenen finden (Fraile 2014; Bathelt u.a. 2016). Wir formulieren folgende Hypothese:

H3: Jungen haben ein höheres Wissensniveau als Mädchen.

Schul- und Wohnumfeld
Schon die frühen US-amerikanischen Studien stellten Effekte auf das politische Lernen ausgehend von sozioökonomischen Faktoren fest (z.B. Moore u.a. 1985; 1998; Greenstein 1965; Hess/Torney 1967). Der sozioökonomische Status der direkten Umgebung des Kindes nimmt Einfluss auf deren politische Orientierungen (Garbarino u.a. 1997) und wir gehen davon aus, dass je niedriger der sozioökonomische Status des Umfelds, desto weniger politisch involviert ist und desto weniger weiß ein Kind (z.B. Easton/Dennis 1969, S. 353; Dowse/Hughes 1971, S. 55–7). Deshalb erwarten wir:

H4: Kinder, die in einer besseren sozioökonomischen Umgebung aufwachsen, sollten über ein höheres politisches Wissen verfügen als die, die in einem schwächeren sozioökonomischen Umfeld leben.

Nationalität
Ein Migrationshintergrund erschwert politisches Lernen von Kindern. Dies gilt in Deutschland insbesondere für die Kinder mit türkischer Herkunft (z.B. Gemmeke 1998; van Deth u.a. 2007; Abendschön/Tausendpfund 2017). Allerdings könnte vermutet werden, dass das Thema Europa, welches über den bundespolitischen Kontext hinausgeht und durch Symbole und globale Berichterstattung vermittelt wird, auch bei Kindern mit Migrationshintergrund bekannt ist. Deshalb verzichten wir an dieser Stelle auf die Formulierung einer Hypothese (vgl. hierzu aber die Beiträge von Fuchs et al. und Oberle et al. in diesem Band).

Politische Kommunikation
Medienrezeption und (politische) Kommunikation konfrontiert Kinder auch mit politischen Phänomenen. Bereits frühe Sozialisationsstudien haben auf einen zentralen Stellenwert von Medien als Sozialisationsagenten für die Wahrnehmung der politischen Welt durch Kinder hingewiesen (z.B. Atkin/Gantz 1978; Rubin 1978). Der Einfluss von Medien und elektronischer politischer Kommunikation ist seither, so darf vermutet werden, noch angestiegen. Einen

wesentlichen Einfluss auf das politische Wissensniveau haben Nachrichtensendungen, die es seit vielen Jahren auch für Kinder gibt (z.B. Bronstein u.a. 1993; Chaffee u.a. 1977; Conway u.a. 1975; Conway u.a. 1981). Auch Lena Haug (2017) zeigt in ihrer Studie über das politische Interesse von Grundschulkindern, dass insbesondere Medienrezeption als Motivation genannt wird, um sich mit bestimmten politischen Themen zu beschäftigen. So „schaffen" es während ihres Untersuchungszeitraums auch die Themen „Schuldenkrise in Griechenland" und „Europäische Rettung" zu politischer Aufmerksamkeit unter den Kindern. Das heißt, auch ein zunächst „fernes" und abstraktes Thema wie Europa als politisches Staatengebilde kann es über verschiedene politische Ebenen hinweg auf die politische Tagesordnung kindlicher Rezipienten schaffen.

Allerdings sollten Medien nicht nur als eigenständige Sozialisationsinstanz betrachtet werden, sondern stattdessen in Verbindung mit den Einflüssen von Schule und Familie gesehen werden (Samaniego/Pascual 2007). Dies gilt auch für die interpersonale politische Kommunikation, die beispielsweise im Anschluss an Medienberichterstattung über ein politisches Ereignis im Familienkreis stattfindet (McIntosh u.a. 2007; Hafner 2006, S. 125). Studien konnten zeigen, dass Kinder und Jugendliche aus Familien, in denen Diskussionen über politisch-gesellschaftliche Themen an der Tagesordnung waren, generell besser über Politik informiert sind als Kinder aus Familien, in denen dies nicht der Fall ist (z.B. National Center for Education Statistics 1998, S. 10). Daraus lassen sich zwei Hypothesen ableiten.

H5: Kinder, die Nachrichtensendungen schauen, haben ein höheres politisches Wissen als solche, die dies nicht tun.

H6: Kinder, die mit anderen über politische Themen und Ereignisse sprechen, sollten über ein höheres politisches Wissen verfügen als ihre Klassenkameraden, die dies nicht tun.

3. Daten und Operationalisierung

Für die empirischen Analysen nutzen wir die Daten der Studie „Demokratie Leben Lernen" (DLL).[1] Bei der DLL-Studie wurden jeweils rund 750 Mädchen

---

1 Das Projekt „Demokratie Leben Lernen" wurde 1999 am Mannheimer Zentrum für Europäische Sozialforschung (MZES) der Universität Mannheim unter Leitung von Jan W. van Deth initiiert und von 2004 bis 2007 von der DFG gefördert (DE 630/11-1 und 11-2), die Finanzierung der dritten Welle erfolgte durch das MZES.

und Jungen am Anfang und Ende des ersten Schuljahres sowie am Ende des vierten Schuljahres mit einem standardisierten Fragebogen befragt. Dabei wurden politische Kenntnisse, Fähigkeiten und Einstellungen sowie wichtige erklärende Faktoren dieser Orientierungen erfasst (van Deth u.a. 2007 und 2011; Tausendpfund 2008).

Abhängige Variablen

Für die Erfassung des politischen Wissens zur Europäischen Union stehen uns in der DLL-Studie drei Items zur Verfügung, die in allen drei Wellen enthalten sind (Tabelle 1). Dies erlaubt uns, die Entwicklung über die Zeit in den Blick zu nehmen (H 1). Die Europa-Frage erfasst die Kenntnis der Europäischen Union als Staatenverbund. Das Euro-Item behandelt die Zahlungsfunktion der europäischen Währung und die Europa-Flagge gilt als Symbol für das zusammenwachsende Europa. Die Kenntnis dieser drei Items bildet eine wichtige Grundlage, um den Erwerb fundierter Kenntnisse über die Staatengemeinschaft zu ermöglichen.

Tabelle 1: Abhängige Variablen

aV	Frageformulierung in der 1. und 2. Welle	Frageformulierung in der 3. Welle
Europa	Was glaubst Du ist Europa? Ist es … *Antwortmöglichkeiten*: (1) … eine Stadt? (2) … ein Land? (3) … mehrere Länder? (4) „weiß nicht"	Was ist Europa? *Antwortmöglichkeiten*: (1) Eine Stadt. (2) mehrere Länder. (3) ein Land (4) „weiß nicht".
Euro	Wir in Deutschland haben den Euro, um zu bezahlen. Was denkst Du, kann man mit dem Euro auch in anderen Ländern bezahlen? *Antwortmöglichkeiten*: (1) Ja. (2) Nein. (3) „weiß nicht"	Wo kann man mit dem Euro bezahlen? *Antwortmöglichkeiten*: (1) Nur in Deutschland. (2) In allen Ländern Europas. (3) In vielen Ländern Europas, aber nicht in allen. (4) „weiß nicht"
Flagge	Klebe hier bitte das Bild der europäischen Fahne ein. *Antwortmöglichkeiten*: (Auswahl von Flaggen) Deutschland, Italien, Schweiz, USA, Großbritannien und Europa	Für welche Länder stehen diese Flaggen? Schreibe Deine Antwort in das gelbe Feld. Wenn Du es nicht weißt, kreuze das Kästchen darunter an. *Antwortmöglichkeiten*: freie Antwort.

Kinder in der ersten Grundschulklasse können in der Regel weder lesen noch schreiben. Deshalb unterscheidet sich das Erhebungsinstrument und die Erhebungssituation zwischen der ersten (1./2. Welle) und vierten Grundschulklasse (3. Welle). In der ersten Klasse haben die Grundschüler einen Fragebogen erhalten, der weder Lese- noch Schreibkompetenz erfordert. Als Antwortmöglichkeiten wurden Symbole verwendet, die die verschiedenen Antwortmöglichkeiten repräsentieren. Bei der Befragung im Klassenverband wurde der Fragetext und die Antwortmöglichkeiten vorgelesen, zur Visualisierung wurden die Symbole mit einem Overheadprojektor an die Wand projiziert. Für die Befragung am Ende der Grundschulzeit (dritte Welle) wurde das Erhebungsinstrument so umgestaltet, dass Inhalt und Layout des Fragebogens auf die Lesekompetenz von Viertklässlern abgestimmt waren. Anstelle von Symbolen wurden standardisierte Formulierungen für die einzelnen Frage- und Antwortmöglichkeiten verwendet, so dass die Mädchen und Jungen den Fragebogen selbstständig bearbeiten konnten (für die Befragung in der ersten Klasse, siehe Berton/Schäfer 2005; Rathke 2007; für die Befragung in der vierten Klasse, siehe Tausendpfund 2008).

Unabhängige Variablen
Bei den empirischen Analysen wird der Einfluss von sechs Einflussfaktoren betrachtet. Neben der Klassenstufe (H1) berücksichtigen wir das Alter (H2) und das Geschlecht (H3). Beim Alter wird jeweils die Differenz vom jüngsten zum ältesten Kind innerhalb einer Klassenstufe berechnet; der Regressionskoeffizient gibt entsprechend den maximalen Alterseffekt an. Bei der Nationalität werden drei Gruppen mit deutscher, türkischer und sonstiger Staatsangehörigkeit unterschieden. Als Indikatoren für das sozioökonomische Schul- und Wohnumfeld (H4) werden die Anteile der Sozialhilfeempfänger, Arbeitslosen und Migranten genutzt. Auf dieser Grundlage wird ein hohes, mittleres und geringes sozioökonomisches Wohnumfeld unterschieden. Bei der politischen Kommunikation wird der Einfluss der Mediennutzung und der persönlichen Kommunikation analysiert. Bei der Mediennutzung wird zwischen dem Einfluss von Kinder- und Erwachsenennachrichten differenziert (H5). Bei der persönlichen Kommunikation wird zwischen Gesprächen mit anderen Kindern, Lehrern und Eltern unterschieden (H6).

4. Empirische Befunde

Wie Abbildung 1 zeigt, nimmt der Anteil der korrekten Antworten bei allen drei Europafragen im Zeitverlauf zu. Dieser Befund stützt Hypothese 1, die ein steigendes Wissensniveau über die Grundschulzeit postuliert hatte. Besonders auffällig ist die Entwicklung bei der Frage, die die Kenntnis der Europäischen Union als Staatenverbund erfasst (Europa). In der ersten Klasse liegt der Anteil der korrekten Antworten bei 17 bzw. 24 Prozent. Am Ende der vierten

Grundschulklasse wissen vier von fünf Kindern, dass Europa „mehrere Länder" umfasst.

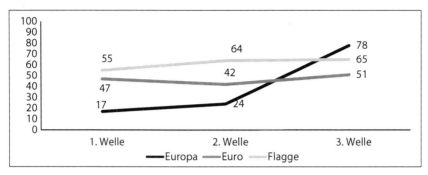

Abbildung 1: Entwicklung des Europawissens (Anteil der korrekten Antworten in Prozent)

Bei der Euro- und Flaggen-Frage steigt der Anteil korrekter Antworten im Zeitverlauf geringer an. Bereits zu Beginn der Grundschulzeit können etwas mehr als die Hälfte der befragten Kinder die Europa-Flagge korrekt identifizieren, am Ende der vierten Klasse haben knapp zwei Drittel der Mädchen und Jungen die Europa-Flagge korrekt bezeichnet. Etwa der Hälfte der befragten Kinder ist am Ende der vierten Klasse auch bekannt, dass der Euro ein Zahlungsmittel in vielen Ländern, aber nicht in allen Ländern der Staatengemeinschaft ist.

Über die Zeit lässt sich zwar eine Zunahme des Europawissens feststellen, allerdings deuten die Ergebnisse logistischer Regressionen darauf hin, dass die Chancen, Wissen über die Europäische Union zu erwerben, nicht für alle Kinder gleich sind. Insbesondere Mädchen, Kinder aus sozioökonomisch schwächeren Stadtteilen sowie türkischer Nationalität haben die einzelnen Items mit einer geringeren Wahrscheinlichkeit korrekt beantwortet (Tabelle 2).

Tabelle 2: Bestimmungsfaktoren des Europawissens bei Grundschülern

	Was ist Europa?			Bezahlen mit Euro			Europa-Fahne		
	Welle 1	Welle 2	Welle 3	Welle 1	Welle 2	Welle 3	Welle 1	Welle 2	Welle 3
Mädchen (Referenz: Jungen)	−0,78***	−0,43*	−0,99***	−0,32#	−0,07	−0,03	−0,32*	−0,34*	−0,77**
Alter	−0,43#	0,05	−0,28	−0,14	−0,17	−0,35*	+0,13	−0,01	−0,23
Wohnumfeld (Referenz: mittel)									
hoch	+0,45#	0,30	+0,55*	−0,26	−0,12	+0,74***	+0,39#	+0,45*	−0,24
niedrig	−0,66*	−1,12**	−0,54*	+0,17	−0,18	+0,07	−0,65**	−0,04	+0,07
Nationalität (Referenz: deutsch)									
türkisch	−1,13*	−0,71*	−0,14	0,09	+0,58*	−0,42#	−0,29	−0,69**	−0,51*
sonstige	+0,10	−0,21	+0,50	+0,78**	+0,20	+0,29	+0,25	−0,27	−0,36
Politische Kommunikation									
Kinder-Nachrichten (Ja)	0,00	−0,19	0,37	0,15	0,32#	+0,00	−0,09	+0,17	+0,09
Erwachsenen-Nachrichten (Ja)	0,13	+0,00	0,01	0,28	0,06	+0,23	+0,01	+0,40*	+0,34#
Gespräche mit Familie (Ja)	+0,35	0,29	0,16	+0,16	0,16	−0,14	+0,17	0,16	+0,07
Gespräche mit Lehrern (Ja)	−0,38	0,21	−0,15	+0,34*	−0,11	−0,28	−0,10	−0,04	−0,30#
Gespräche mit Kindern (Ja)	+0,66**	0,16	+0,44*	+0,50**	+0,28#	+0,22	+0,11	+0,01	+0,17
Fallzahl	710	716	734	695	693	734	674	716	734
Pseudo R² (McFadden)	0,10	0,07	0,09	0,06	0,02	0,04	0,04	0,04	0,05

Anmerkungen: Logistische Regression. Dargestellt sind logistische Regressionskoeffizienten. Signifikanzniveaus: # = p < 0,10; * = p < 0,05; ** = p < 0,01; *** = p < 0,001.

Die in Tabelle 2 dokumentierten Ergebnisse können alters- und geschlechtsspezifische Effekte beim Europawissen belegen. Bei Kontrolle der Klassenstufe haben ältere Kinder tendenziell ein geringeres Europawissen als ihre jüngeren Klassenkameraden (H2). Mädchen haben insbesondere die Europa- und die Flaggenfrage seltener korrekt beantwortet. Der geschlechtsspezifische Effekt nimmt über die Zeit sogar noch zu (H3). Erwartungsgemäß lassen sich auch Effekte des Wohnumfelds auf das politische Wissen nachweisen (H4). Ein sozioökonomisch höheres Wohnumfeld – abgebildet durch geringere Anteile an Sozialhilfeempfängern, Arbeitslosen und Migranten – geht mit einem höherem Europawissen einher. Diese Effekte lassen sich insbesondere beim Europa-Item und bei der Flaggenfrage nachweisen, bei der Euro-Frage sind die Unterschiede nach Wohnumfeld vernachlässigbar (H4). Schwächer ausgeprägt sind die Auswirkungen der Nationalität auf das politische Wissen. Tendenziell haben aber Kinder türkischer Nationalität eine geringere Chance, die drei Items korrekt zu beantworten. Grundschüler sonstiger Herkunft unterscheiden sich in ihrem Antwortverhalten nicht systematisch von Kindern deutscher Herkunft.

Die in Tabelle 2 präsentierten Ergebnisse können allerdings Effekte der politischen Kommunikation nur sehr eingeschränkt bestätigen. Der Konsum von Kinder- und Erwachsenennachrichten hat praktisch keinen Einfluss auf das politische Wissen (H5). Dieser Befund ist vermutlich auf das geringe Ausmaß der Berichterstattung über die Europäische Union zurückzuführen (Brettschneider/ Rettich 2005). Auch Gespräche mit der Familie, Lehrern und Kindern spielen für das Wissen über die Staatengemeinschaft eher eine nachgeordnete Rolle (H6). Von 27 Regressionskoeffizienten sind überhaupt nur sechs Koeffizienten statistisch signifikant. Fünf Koeffizienten deuten dabei auf positive Effekte der persönlichen Kommunikation hin. Vermutlich gehört Europa bzw. die Staatengemeinschaft nicht zu den regelmäßigen Gesprächsthemen in der Familie, in der Schule oder auch bei den Kindern.

5. Fazit

Richter (2015, S. 116) äußert sich skeptisch über einen möglichen Unterricht zur EU in der Grundschule und verweist auf Studien, die davon ausgehen, dass Kindern wichtige Voraussetzungen für ein Verständnis des politischen Mehrebenensystems fehlen würden. Auch wenn die EU in ihrer politischen Komplexität sicherlich nicht im Grundschulalter gänzlich durchdrungen werden kann, zeigen unsere Ergebnisse, dass schon viele Erstklässler über ein rudimentäres politisches Faktenwissen verfügen, welches im Verlauf der Grundschulzeit noch ansteigt. Viertklässler verfügen zumindest über basale Wissensstrukturen über die Europäische Union. Auch vor dem Hintergrund von Interventionsstudien, die zeigen, dass durch entsprechenden Unterricht bereits fortgeschrittenes politisches Lernen funktionieren kann (z. B. Berti/Andriolo 2001; vgl. den Beitag von Oberle et al. in diesem Band), plädieren wir auf Basis unserer Ergebnisse für eine EU-Bildung in der Grundschule, denn schließlich stellt die Europäische Union eine zentrale politische Institution auch für die nationale Politik dar. Knapp 40 Prozent der Gesetze des Deutschen Bundestags haben mittlerweile ihren Ursprung in Brüssel (Töller 2008; Brouard u. a. 2012), das politische System der Bundesrepublik Deutschland hat heute eine nationalstaatliche und übernationale Komponente (Rudzio 2015, S. 410). Das heißt, das nationale politische System bleibt ohne Grundkenntnisse der Europäischen Union vielfach unverständlich. Zentrale politische Herausforderungen wie Umweltschutz, Immigration und Arbeitslosigkeit sind keine ausschließlich nationalen Probleme, sondern werden auch auf europäischer Ebene diskutiert und bearbeitet. Deshalb muss politische Bildung in der Grundschule auch Grundkonzepte der Staatengemeinschaft vermitteln, um politische Entscheidungsprozesse nicht simplifizierend darzustellen. Ein frühes Kennenlernen europäischer Institutionen kann damit auch die Auseinandersetzung des nationalen politischen Systems fördern bzw. trägt dazu bei, nationale politische Entscheidungen in einen größeren politischen Kontext einzuordnen. Ohne basale Kenntnisse des europäischen politischen Systems dürfte die Vermittlung des nationalen politischen Systems ungleich schwieriger werden.

Ein Kennenlernen der Staatengemeinschaft in der Grundschule kann zudem dazu beitragen, die in unserem Beitrag nachgewiesenen Unterschiede im Wissensniveau nach Geschlecht, Wohnumfeld und Nationalität zu verringern. In einer Demokratie ist es wichtig, dass allen gesellschaftlichen Gruppen die Möglichkeit geboten wird, sich am politischen Prozess zu beteiligen. Nicht-Beteiligung kann viele Ursachen haben (Verba u. a. 1995), zu geringes (politisches) Wissen ist eine. Im Alter von zehn Jahren stehen Kinder an der Schwelle des Übergangs von der Grundschule zur weiterführenden Schule, in der die Weichen für eine aktive Teilnahme am gesellschaftlichen Leben gestellt werden. Sowohl aus bildungs- als auch aus demokratietheoretischen Gründen sollten alle Kinder die gleichen Chancen haben, sich mit politischen Fragen zu beschäftigen und politisches Wissen zu erwerben. Die beobachteten Unterschiede bestimmter sozialer Gruppen gilt es zu überwinden, zum Beispiel durch die zielgenaue Aufbereitung politischer Themen, die jeder sozialen Gruppe gerecht wird.

Literatur

Abendschön, Simone (2010): Die Anfänge demokratischer Bürgerschaft. Sozialisation politischer und demokratischer Werte und Normen im jungen Kindesalter, Baden-Baden.

Abendschön, Simone/Tausendpfund, Markus (2017): Political knowledge of children and the role of sociostructural factors, in: American Behavioral Scientist, H. 2, S. 204–221.

Allen, Gary L./Kirasic, Kathleen C./Spilich, George J. (1997): Children's Political Knowledge and Memory for Political News Stories, in: Child Study Journal, H. 3, S. 163–177.

Anderson, Christopher J. (1998): When in doubt, use proxies: Attitudes toward domestic politics and support for European integration, in: Comparative Political Studies, H. 5, S. 569–601.

Atkin, Charles K./Gantz, Walter (1978): Television News and Political Socialization, in: Public Opinion Quarterly, H. 2, S. 183–198.

Bathelt, Severin/Jedinger, Alexander/Maier, Jürgen (2016): Politische Kenntnisse in Deutschland: Entwicklung und Determinanten, 1949–2009, in: Roßteutscher, Sigrid/Faas, Thorsten/Rosar, Ulrich (Hrsg.): Bürgerinnen und Bürger im Wandel der Zeit. 25 Jahre Wahl- und Einstellungsforschung in Deutschland, Wiesbaden, S. 181–207.

Berti, Anna E./Andriolo, Alessandra (2001): Third Graders' Understanding of Core Political Concepts (Law, Nation-State, Government) Before and After Teaching, in: Genetic, Social and General Psychological Monographs, H. 4, S. 346–377.

Berton, Marina/Schäfer, Julia (2005): Politische Orientierungen von Grundschulkindern. Ergebnisse von Tiefeninterviews und Pretests mit 6- bis 7-jährigen Kindern. Mannheimer Zentrum für Europäische Sozialforschung (Arbeitspapier Nr. 86).

Braun, Daniela/Tausendpfund, Markus (2014): The Impact of the Euro Crisis on Citizens's Support for the European Union, in: Journal of European Integration, H. 3, S. 231–245.

Brettschneider, Frank/Rettich, Markus (2005): Europa – (k)ein Thema für die Medien, in: Tenscher, Jens (Hrsg.): Wahl-Kampf um Europa. Analysen aus Anlass der Wahlen zum Europäischen Parlament 2004, Wiesbaden, S. 136–156.

Bronstein, Carolyn/Daily, Katie/Horowitz, Edward (1993): Tellin' it Like it is: Children's Attitudes toward the Electoral Process and the '92 Campaign. Paper presented at the 76th Annual Meeting of the Association for Education in Journalism and Mass Communication, Kansas City.

Brouard, Sylvain/Costa, Olivier/König, Thomas (Hrsg) (2012): The Europeanization of Domestic Legislatures. The Empirical Implications of the Delors' Myth in Nine Countries, New York.

Chaffee, Steven H./Jackson-Beeck, Marilyn/Durall, Jean/Wilson, Donna (1977): Mass Communication in Political Socialization, in: Renshon, Stanley A. (Hrsg.): Handbook of Political Socialization. Theory and Research, New York, S. 223–258.

Conway, Margaret M./Stevens, Jay A./Smith, Robert G. (1975): The Relation between Media Use and Children's Civic Awareness, in: Journalism Quarterly, H. 3, S. 531–538.

Conway, Margaret M./Wychoff, Mikel L./Feldbaum, Eleanor/Ahern, David (1981): The News Media in Children's Political Socialization, in: Public Opinion Quarterly, H. 2, S. 164–178.

Dow, Jay K. (2009): Gender Differences in Political Knowledge: Distinguishing Characteristics-Based and Returns-Based Differences, in: Political Behavior, H. 1, S. 117–136.

Dowse, Robert E./Hughes, John A. (1971): Girls, Boys and Politics, in: The British Journal of Sociology, H. 1, S. 53–67.

Easton, David/Dennis, Jack (1969): Children in the Political System. Origins of Political Legitimacy, New York.

Eichenberg, Richard C./Dalton, Russell J. (2007): Post-Maastricht Blues: The Transformation of Citizen Support for European Integration, 1973–2004, in: Acta Politica, 2–3, S. 128–152.

Fraile, Marta (2014): Do Women Know Less About Politics Than Men? The Gender Gap in Political Knowledge in Europe, in: Social Politics, H. 2, S. 261–289.

Garbarino, James/Kostelny, Kathleen/Barry, Frank (1997): Value Transmission in an Ecological Context: The High-Risk Neighborhood, in: Grusec, Joan E./Kuczynski, Leon (Hrsg.): Parenting and Children's Internalization of Values. A Handbook of Contemporary Theory, New York.

Gemmeke, Mireille (1998): Politieke betrokkenheid van kinderen op de basisschool, Amsterdam.

Götzmann, Anke (2015): Entwicklung politischen Wissens in der Grundschule, Wiesbaden.

Götzmann, Anke (2017): Political knowledge of primary-school students, in: American Behavioral Scientist, H. 2, 238–253.

Greenstein, Fred I. (1965): Children and Politics, New Haven.

Hafner, Verena (2006): Politik aus Kindersicht. Eine Studie über Interesse, Wissen und Einstellungen von Kindern, Stuttgart.

Haller, Max (2009): Die Europäische Integration als Elitenprozess. Das Ende eines Traums?, Wiesbaden.

Haug, Lena (2017): Without Politics it Would Be Like a Robbery Without Police: Children's Interest in Politics, in: American Behavioral Scientist, H. 2, 254–272.

Hess, Robert D./Torney, Judith V. (1967): The Development of Political Attitudes in Children, Chicago.

Hooghe, Liesbet/Marks, Gary (2009): A Postfunctionalist Theory of European Integration: From Permissive Consensus to Constraining Dissensus, in: British Journal of Political Science, H. 1, S. 1–23.

Maier, Jürgen/Bathelt, Severin (2013): Unbekanntes Europa? Eine vergleichende Analyse zu Verteilung und Determinanten von Kenntnissen über die Europäische Union, in: Keil, Silke I./Thaidigsmann, S. Isabell (Hrsg.): Zivile Bürgergesellschaft und Demokratie. Aktuelle Ergebnisse der empirischen Politikforschung, Wiesbaden, S. 413–432.

McIntosh, Hugh/Hart, Daniel/Youniss, James (2007): The Influence of Family Political Discussion on Youth Civic Development: Which Parent Qualities Matter?, in: Political Science & Politics, 3/2007, S. 495–499.

McLaren, Lauren M. (2006): Identity, interests and attitudes to European integration, Houndmills.

Moore, Stanley W./Lare, James/Wagner, Kenneth A. (1985): The Child's Political World, New York.

National Center for Education Statistics (1998): NAEP 1998 Civics. Report Card Highlights

Neuman, Russell W. (1986): The Paradox of Mass Politics. Knowledge and Opinion in the American Electorate, Cambridge.

Orum, Anthony M./Cohen, Robert S./Grassmuch, Sheri/Orum, Amy (1974): Sex, Socialization and Politics, in: American Sociological Review, H. 2, S. 197–209.

Pereira, Mónica Ferrín/Fraile, Marta/Rubal, Martiño (2015): Young and Gapped? Political Knowledge of Girls and Boys in Europe, in: Political Research Quarterly, H. 1, S. 63–76.

Rathke, Julia (2007): Welche Fragen zum richtigen Zeitpunkt? Entwicklung eines standardisierten Kinderfragebogens, in: van Deth, Jan W./Abendschön, Simone/Rathke, Julia/Vollmar, Meike (Hrsg.): Kinder und Politik. Politische Einstellungen von jungen Kindern im ersten Grundschuljahr, Wiesbaden.

Richter, Dagmar (2015): Politische EU-Bildung in der Grundschule?, in: Oberle, Monika (Hrsg.): Die Europäische Union erfolgreich vermitteln, S. 111–120.

Rubin, Alan M. (1978): Children and Adolescent Television Use and Political Socialization, in: Journalism Quarterly, H. 1, S. 125–129.

Rudzio, Wolfgang (2015): Das politische System der Bundesrepublik Deutschland, Wiesbaden.

Samaniego, Concepción M./Pascual, Alejandra C. (2007): The Teaching and Learning of Values through Television, in: Review of Education, H. 1, S. 5–21.

Simon, Alice (2017): How can we explain the gender gap in children's political knowledge?, in: American Behavioral Scientist, H. 2, 222–237.

Steinbrecher, Markus (2014): Europaspezifische Einstellungen und Wahlbeteiligung bei Europawahlen 1979–2009, in: Zeitschrift für Vergleichende Politikwissenschaft, H. 2, S. 211–237.

Tausendpfund, Markus (2008): Demokratie Leben Lernen – Erste Ergebnisse der dritten Welle. Politische Orientierungen von Kindern im vierten Grundschuljahr. Mannheim. Mannheimer Zentrum für Europäische Sozialforschung (Arbeitspapier Nr. 116).

Tausendpfund, Markus (2013): Gemeinden als Rettungsanker der EU? Individuelle und kontextuelle Faktoren der Zustimmung der Bürgerinnen und Bürger zur Europäischen Union, Baden-Baden.

Thompson, Robert R. (1979): The Political Socialization of American Children: Agents, Processes and Systematic Ramifications, Washington.

Töller, Annette Elisabeth (2008): Mythen und Methoden. Zur Messung der Europäisierung der Gesetzgebung des Deutschen Bundestages jenseits des 80-Prozent-Mythos, in: Zeitschrift für Parlamentsfragen, H. 1, S. 3–17.

van Deth, Jan W./Abendschön, Simone/Rathke, Julia/Vollmar, Meike (2007): Kinder und Politik. Politische Einstellungen von jungen Kindern im ersten Grundschuljahr, Wiesbaden.

van Deth, Jan W./Abendschön, Simone/Vollmar, Meike (2011): Children and Politics: An Empirical Reassessment of Early Political Socialization, in: Political Psychology, H. 1, S. 147–174.

Verba, Sidney/Schlozman, Kay Lehman/Brady, Henry E. (1995): Voice and Equality. Civic Voluntarism in American Politics, Cambridge.

Vollmar, Meike (2012): König, Bürgermeister, Bundeskanzler? Politisches Wissen von Grundschülern und die Relevanz familiärer und schulischer Ressourcen, Wiesbaden.

Wagner, Bettina (2012): The Formation of Support for the European Union in Central and Eastern Europe. The Role of National Attitudes as Cognitive Heuristics, Baden-Baden.

Westle, Bettina (2015): Wissen um die Direktwahl des Europäischen Parlaments – eine Frage des Alters? Deutsche im westeuropäischen Vergleich, in: Oberle, Monika (Hrsg.): Die Europäische Union erfolgreich vermitteln, S. 39–63.

ANNE FUCHS, KLAUS DETTERBECK
UND HELMAR SCHÖNE

Wissen und Präkonzepte von Viertklässlern über Europa und die EU

1. Einleitung

Traditionell ist die Europabildung vorwiegend auf den Unterricht in der Sekundarstufe I und der Oberstufe des Gymnasiums konzentriert. In den letzten Jahren hat jedoch die Beschäftigung mit europäischen Themen bereits in der Grundschule stark an Aufmerksamkeit gewonnen. Es besteht bildungspolitisch wie bildungswissenschaftlich und fachdidaktisch ein weitgehender Konsens darüber, dass europäische Bildung bereits im Primarbereich verankert werden sollte. Als wesentliche Gründe hierfür können der politische Wunsch nach einem besseren Verständnis des europäischen Integrationsprozesses unter den Unionsbürgern, die sozialisationstheoretisch begründete Forderung nach der Nutzung kindlicher Aufgeschlossenheit für neue Themen sowie die pädagogische Aufgabe, die von europäischen wie generell von interkulturellen Erfahrungen geprägte Lebenswelt der Kinder im Unterricht aufzugreifen, gelten.

Wie aber soll eine frühe Europabildung inhaltlich konzipiert werden? Was ist ihr thematischer Gegenstand und was ist ihr didaktisches Ziel? Diesbezüglich besteht wenig Einigkeit. Aus unserer Sicht geht die Zielsetzung der Europabildung über die Förderung interkultureller Kompetenzen hinaus. Interkulturelles Lernen ist auch mit anderen Gegenständen möglich. Ziel von Europabildung ist vielmehr eine Annäherung an die Idee der europäischen Integration sowie die Schaffung eines Verständnisses für die Motive und zentralen Werte des politischen Projektes der Europäischen Union. Hierfür soll bei den Kindern Interesse geweckt und dabei ein stärkeres Bewusstsein für europäische Zusammenhänge geschaffen werden.

Die Grundlage für einen solchen Unterricht stellen die Vorkenntnisse der Schüler und Schülerinnen dar. Um Lernprozess initiieren zu können, muss sich die Lehrkraft bewusst werden, welche außerschulischen Erfahrungen, individuellen Deutungsmuster und welches Vorwissen die Kinder mit in den Unterricht bringen (Schniotalle 2003, S.88; Schneider 2007, S.37). Aus der kognitionspsychologischen Forschung wissen wir, dass neues Wissen vor allem dann gut aufgenommen wird, wenn es an vorhandenes Wissen anknüpft und mit diesem vernetzt werden kann (vgl. Grube 2011).

Es gibt bislang nur wenig Forschung zu den Lernvoraussetzungen von Grundschülern für eine frühe Europabildung, die uns über Vorwissen und Präkonzepte der Kinder informieren könnte (vgl. jedoch Büker 1998; Götzmann 2015; Richter 2015). Über die Ergebnisse einer empirischen Studie zu europabezogenem Wissen und europabezogenen Orientierungen, die in der vierten Klassenstufe durchgeführt wurde, wird im Folgenden berichtet. Sie führt uns zu unserem zentralen Argument für einen integrativen Europaunterricht in der Grundschule. Europäische Politik, wenn auch Ziel dieses Unterrichts, ist für die Kinder relativ weit weg und größtenteils unbekanntes oder zumindest unsortiertes Terrain. Andere Themen, die mit Europa zu tun haben, insbesondere die sprachliche und kulturelle Vielfalt des Kontinents, sind hingegen viel präsenter und werden von den Kindern mit starkem Interesse verfolgt. Wenn wir also nach Anknüpfungspunkten suchen und Neugierde wecken wollen, dann sollten wir solche Gegenstände in den frühen Europaunterricht einbeziehen. Darauf aufbauend kann dann den Grundschülern das Projekt der europäischen Integration und seine politischen Leitideen nahegebracht werden. Das Motto der EU, „In Vielfalt geeint", ist in diesem Sinne das Motto der frühen Europabildung.

Wir stellen zunächst die Studie und ihr Erkenntnisinteresse vor. Danach werden zentrale Ergebnisse zum Wissen, zu den Einstellungen und zum Interesse an Europa dargestellt. Abschließend werden aus den gewonnenen Erkenntnissen Schlussfolgerungen für den Europaunterricht in der Grundschule gezogen.

2. Die Studie „Frühe Europabildung"

Die Studie ist Teil des Jean Monnet Projektes „Frühe Europabildung: Bausteine für den Unterricht in der Grundschule", das an der Pädagogischen Hochschule Schwäbisch Gmünd vom September 2014 bis Februar 2016 durchgeführt worden ist. Im Rahmen der Studie wurde u.a. ein standardisierter Fragebogen konzipiert, um ein umfassendes Bild von der Wahrnehmung Europas aus kindlicher Perspektive zu gewinnen. Dabei wurden geographische, kulturelle und politische Aspekte berücksichtigt. Bei der Erstellung des Fragebogens haben wir uns an dem im Projekt des Mannheimer Zentrums für Europäische Sozialforschung „Demokratie Leben Lernen" erarbeiteten Kinder-Fragebogen orientiert (van Deth et al. 2007; Tausendpfund 2008; vgl. den Beitrag von Abendschön/Tausendpfund in diesem Band).

Um einen Überblick über die Lernvoraussetzungen der Grundschüler gewinnen zu können, wurden 59 Items entwickelt – und zwar zu den Bereichen „Wissen", „Einstellungen" und „Interesse" sowie zu den soziodemografischen Hintergrundvariablen wie Alter, Geschlecht und Nationalität. Um neben zahlreichen geschlossenen Fragen auch offene Fragen beantworten zu können, müssen die Schüler bereits in der Lage sein, Meinungen und Begründungen schriftlich formulieren zu können. Aus diesem Grund wurde die vierte Klassenstufe für die Befragung ausgewählt.

Der Untersuchungsraum der Studie beschränkte sich auf den ländlichen Umkreis der Städte Schwäbisch Gmünd und Trier, so dass insgesamt acht baden-württembergische und drei rheinland-pfälzische Schulen an der Befragung teilnahmen. Dabei kamen wir auf eine Gesamtzahl von 21 Schulklassen mit 386 befragten Kindern zwischen 8 und 12 Jahren. In keiner der Klassen hatte vor der Fragebogenstudie im Oktober 2015 ein Europaunterricht stattgefunden (ausführlicher in Fuchs 2016).

3. Ergebnisse

3.1. Wissen

Der Bereich „Wissen" umfasste sowohl Fragen über das geographische und kulturelle Europa als auch über die Europäische Union. Über die Frage „Was ist Europa?" konnte ermittelt werden, dass knapp 80 % der befragten Grundschüler wissen, dass sich Europa aus mehreren Ländern zusammensetzt (und nicht eine Stadt oder ein Land ist, wie die anderen Antwortmöglichkeiten nahelegten). Dabei zeichnet sich ein positiver Einfluss von persönlichen Auslandserfahrungen der Schüler ab. Von den Kindern, die selbst noch nie im Ausland waren, beantworteten nur die Hälfte (50 %) diese Frage richtig. Mit der Frage „Lebst du in Europa?", die 91 % der Befragten bejahten, lässt sich zeigen, dass fast alle Kinder verstehen, gleichzeitig ein Teil Deutschlands und Teil Europas zu sein.

Ebenso wurden die Kinder aufgefordert, ihnen bekannte europäische Staaten aufzuschreiben. Die Ergebnisse spiegeln die große Heterogenität der befragten Schüler wider, da die Bandbreite von 0 Ländern bis zu einer Anzahl von 27 Ländern pro Kind reicht. Deutschland belegt dabei den ersten Platz als meist genanntes Land, gefolgt vor allem von Nachbar- und typischen Urlaubsländern. Fast die Hälfte der Befragten weiß auch, dass es mehr als 20 Sprachen in Europa gibt, ein Viertel geht von rund zehn Sprachen aus. Die

Sprachenvielfalt ist ein zentraler Aspekt der Europawahrnehmung der Kinder. Bei der Beantwortung des Fragebogens sind die Kinder immer wieder auf den Sprachenaspekt zurückgekommen (siehe auch Kapitel 2.2.). Weiter hat die Studie gezeigt, dass 73 % der befragten Kinder schon einmal die Abkürzung EU gehört haben. Rund 60 % der Schüler kennen auch die richtige Bedeutung (vgl. Abbildung 1).

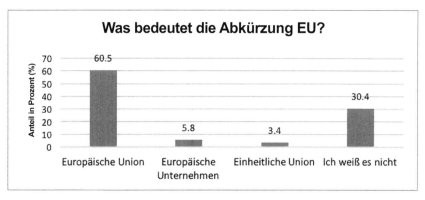

Abbildung 1: Wissen über die Abkürzung EU. Quelle: Fuchs 2016, 55

An die Grenzen des Wissens der Viertklässler stößt man, wenn es um Gründungszeitraum der EU, Anzahl der Mitgliedsstaaten oder europäische Institutionen geht. Bei diesen Fragen wählte eine große Mehrheit der Kinder die Antwortmöglichkeit „Ich weiß es nicht" und die übrigen Ergebnisse fallen nicht eindeutig aus. Das in Abbildung 2 zu erkennende Muster bei der Frage nach dem Europäischen Parlament lässt sich bei allen von uns gestellten Fragen zum politischen Wissen erkennen: Rund zwei Drittel der Grundschüler konnten keine Angaben machen. Das bezieht sich nicht nur auf europäische Aspekte. Eine Frage zur Bedeutung von Demokratie erbrachte ein ganz ähnliches Bild und verweist auf den schon oft monierten Mangel an politischer Bildung in der Grundschule (van Deth et al. 2007; Frech et al. 2014).[1]

---

[1] In unserer Studie erklärten 55 % der Kinder den Begriff der Demokratie schon gehört zu haben. Es sind dann aber 66,6 %, die in der Folgefrage dem Begriff keine Bedeutung zuschreiben können („weiß nicht"). 17 % entscheiden sich korrekt für „wenn alle Erwachsenen im Land mitbestimmen können", während 12 % glauben, dass in einer Demokratie nur einer bestimmt und 4 % annehmen, dass in einem solchen System nur die Reichen bestimmen dürfen (Fuchs 2016, S.59).

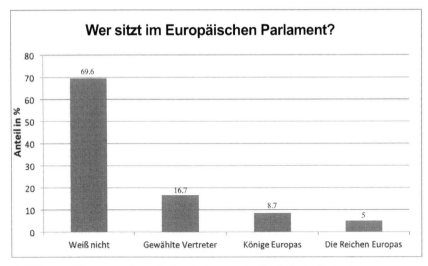

Abbildung 2: Wissen zum Europäischen Parlament. Quelle: Fuchs 2016, 56

Knapp die Hälfte der befragten Schüler wusste, dass man als Deutscher in einem anderen europäischen Staat zur Schule gehen, arbeiten und leben darf. Dabei muss berücksichtigt werden, dass die drei rheinland-pfälzischen Schulen im direkten Grenzgebiet zu Luxemburg und Frankreich liegen, Freizügigkeit im Binnenmarkt somit Alltagserfahrung ist.

Ein Teil der Untersuchung bezieht sich auf die Kenntnis europäischer Symbole, welche durch Fragen nach der europäischen Flagge und nach dem Eurozeichen erhoben wurde. Die europäische Flagge erkennen dabei mehr als

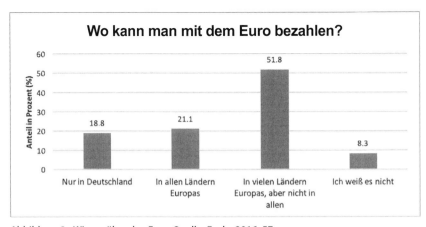

Abbildung 3: Wissen über den Euro. Quelle: Fuchs 2016, 57

drei Viertel der Befragten, 73 % dieser Kinder konnten ihr auch die richtige Bedeutung zuschreiben. Knapp 90 % der Schüler erkennen auch das Eurozeichen als Symbol der gemeinsamen europäischen Währung. Bei der Frage nach der Eurozone lässt das Wissen nach, aber es ist immerhin noch eine Mehrheit von 52 % der Befragten, die weiß, dass man über Deutschland hinaus auch in anderen Staaten Europas (nicht in allen) mit dem Euro bezahlen kann (vgl. Abbildung 3). Dabei zeigt sich erneut ein Zusammenhang zwischen richtiger Antwort und persönlicher Auslandserfahrung der Kinder.

In der Untersuchung wurden auch Fragen zur Salienz Europas gestellt. Unter „political salience" wird die Aufmerksamkeit gegenüber dem politischen Prozess oder politisch relevanten Themenfeldern verstanden (vgl. Vollmar 2012, S. 91). Welches detaillierte Wissen sich hinter den Antworten der Kinder verbirgt, klären diese Fragen nicht, denen es zunächst darum geht, die Aufmerksamkeit für spezifische politische Gegenstände oder Probleme zu erheben. Ein Thema von europapolitischer Tragweite, das aufgrund der sprunghaft gestiegenen Flüchtlingszahlen im Jahr 2015 enorme Bedeutung gewonnen hat, ist das von Migration und Einwanderung. Die große Aktualität während der Befragung im Oktober 2015 spiegelt sich auch in den Kinderantworten wider, denn 90 % der Befragten geben an, schon einmal davon gehört zu haben, dass Menschen aus anderen Ländern nach Deutschland kommen, um hier zu leben und zu arbeiten. Neben Migration wird auch das Thema Umweltverschmutzung von vielen Kindern gekannt, das ebenfalls von großer europäischer Bedeutung ist. Mit diesem Begriff können 96 % der Kinder etwas anfangen; bereits Viertklässler nehmen also europarelevante Themen wahr. Wieviel Wissen schon dahinter steckt, gilt es bei der Thematisierung im Unterricht herauszufinden.

Zusammenfassend lässt sich festhalten, dass das vorhandene Wissen der befragten Viertklässler vor allem von persönlichen Erlebnissen wie Auslandsaufenthalten und von Alltagserfahrungen, etwa dem Umgang mit dem Euro, abhängt. Europabezogenes Wissen konzentriert sich auf Aspekte wie Sprache, Länder und Symbole. Die große Bandbreite an bekannten Staaten zeigt die ausgeprägte Heterogenität in der Altersklasse. Die Europäische Union ist als Begriff bekannt, entsprechendes inhaltlich gefestigtes Wissen fehlt aber weitergehend. Aufgrund des begrenzten politischen Wissens der Schüler braucht es also einen wohlüberlegten Zugang, um auch die politische Perspektive im Unterricht für die Kinder verständlich zu machen. Anknüpfungspunkte für einen solchen Zugang könnten die Interessensschwerpunkte der Kinder sein, die im Kapitel 3.3. vertieft erläutert werden.

3.2. Einstellungen

Neben der Erhebung von Wissensbeständen wurden die Viertklässler auch zu ihren Einstellungen zu Europa und der Europäischen Union befragt, da diese das Denken, Urteilen und Handeln der Kinder beeinflussen. Die Gewichtung von kognitiven, affektiven und habituellen Komponenten bei politischen Orientierungen variiert entscheidend mit der altersbedingten Entwicklung (vgl. Detjen et al. 2012, S. 89). Bei Grundschulkindern herrschen affektive Komponenten vor, die kontinuierlich durch erworbene kognitive Elemente ausdifferenziert werden, so dass sich die Einstellungen des Heranwachsenden immer wieder neu strukturieren (vgl. Hafner 2006, S. 17). Damit entstehen Einstellungen als Produkt von Sozialisationsprozessen und sind letztlich Handlungsmotive, die zu einer bestimmten Art von Reaktion auf das entsprechende Objekt führen.

Die Studie zeigt, dass die Kinder der Sprachen- und Religionsvielfalt in Europa positiv gegenüberstehen, knapp zwei Drittel der Kinder begrüßen diese als Chance. Nur knapp 10% finden Vielfalt schlecht (vgl. Abbildung 4).

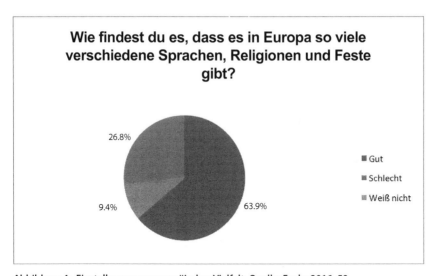

Abbildung 4: Einstellungen zu europäischer Vielfalt. Quelle: Fuchs 2016, 59

In einer offenen Anschlussfrage haben etwa 70% der Kinder, die sich positiv zur Vielfalt geäußert hatten, dies auf den Sprachenaspekt bezogen. Sie schätzen die Sprachenvielfalt Europas und sind gewillt, neue Sprachen zu lernen, um auch mit ausländischen Kindern kommunizieren zu können. Knapp ein Drittel dieser Schüler bezog sich auch auf den Religionsaspekt mit der Meinung, jeder dürfe die Religion ausleben, die er möchte. Die wenigen Kinder, die die Vielfalt negativ bewerten, beziehen sich ausschließlich auf den Sprachenaspekt und begründen ihre Meinung damit, dass es viel einfacher wäre, mit Kindern oder Erwachsenen aus anderen Ländern zu sprechen, wenn alle die gleiche Sprache hätten.

Das Ergebnis der Frage „Was glaubst du, wie viel du mit Kindern aus europäischen Ländern gemeinsam hast?" ist sehr breit gefächert und lässt keine klare Tendenz erkennen: Ein Drittel sieht wenig Gemeinsamkeiten, ein weiteres Drittel dagegen viele; lediglich 5 % sind der Meinung, gar nichts mit anderen europäischen Kindern gemeinsam zu haben. Es wird wiederum eine große Heterogenität in der kindlichen Wahrnehmung sichtbar. Diese lässt sich möglicherweise damit erklären, dass die befragten Kinder jeweils verschiedene Aspekte auf Gemeinsamkeiten oder Unterschiede überprüften, wie beispielsweise das Alltagsleben, die Freizeitaktivitäten oder das Aussehen.

3.3. Interesse

Mehrere Studien zum Thema Europa belegen, dass Grundschulkinder bereits in frühen Jahren großes Interesse gegenüber fremden Ländern und Kulturen aufbringen (vgl. Büker 1998; Schmeinck 2009). Auch in der vorliegenden Untersuchung hat sich dieses Ergebnis bestätigt. 91 % der befragten Schüler geben an, Interesse an anderen Ländern zu haben. Eine weitere offene Frage zielte auf Vorlieben bzw. Vorbehalten gegenüber bestimmten Ländern, um mögliche affektive Raumbindungen aufzudecken. Unter den genannten Staaten fanden sich besonders häufig solche, in denen die Kinder bereits persönliche Erfahrungen sammeln konnten. Insbesondere positive Ferienerlebnisse scheinen großes Interesse zu wecken. Neben Reiseerfahrungen und touristischen Klischees (83 %) beziehen 9 % der Befragten auch Verwandtschaft und Bekannte aus dem europäischen Ausland in ihre Beurteilung mit ein.

Negative Einstellungen gegenüber anderen europäischen Staaten waren nur selten zu finden. Wenn, dann hingen auch diese mit generalisierten persönlichen Erfahrungen zusammen. Als Fazit lässt sich festhalten, dass fast alle Kinder großes Interesse gegenüber anderen Ländern aufbringen. Lehrkräfte können also sicher sein, dass die Viertklässler gegenüber der Beschäftigung mit Europa oder anderen europäischen Ländern im Unterricht sehr aufgeschlossen sind.

Die offene Frage „Was würdest du gerne von einem Kind oder einem Erwachsenen aus einem anderen europäischen Land wissen?" ermöglicht die Einschätzung individueller Interessen, die mit dem Thema Europa verbunden sind, ohne die Kinder durch vorgegebene Antwortkategorien zu beeinflussen. Die Antworten wurden *ex post* in vier Kategorien eingeteilt, welche Abbildung 5 zeigt.

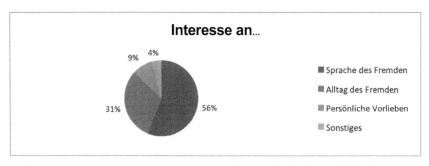

Abbildung 5: Interesse an anderen europäischen Ländern. Quelle: Fuchs 2016, 63

Klar überwiegt das Interesse an fremden Sprachen, gefolgt von alltagsrelevanten Themen und persönlichen Vorlieben, wie z.B. Lieblingsspeisen oder bevorzugten Fußballvereinen. Hier zeigt sich erneut, wie gut die Voraussetzungen für Europaunterricht bereits in der Grundschule sind, indem nämlich die Interessen der Schüler an europäischen Themen, seien sie zunächst auch alltagsweltlich orientiert, zum Ausgangspunkt genommen werden können, um auch europapolitische Aspekte in den Sachunterricht einzuführen.

Außer zu europaspezifischen Inhalten wurden die Schüler auch zu ihrem Interesse an Politik im Allgemeinen befragt. Dabei zeigt sich, dass über die Hälfte der Kinder wenig oder gar nicht an Politik interessiert sind und lediglich ein knappes Viertel der Befragten angibt, an Politik Interesse zu haben (vgl. Abbildung 6).

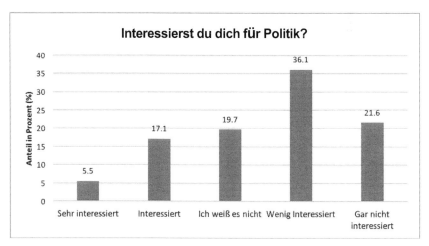

Abbildung 6: Interesse an Politik. Quelle: Fuchs 2016, 64

Weil das Ergebnis mit der abstrakten Formulierung der Frage zu tun haben könnte, da Kinder sich unter dem Begriff „Politik" eventuell noch nicht viel vorstellen können, wurde zusätzlich das Interesse an einem konkreten politischen Thema mit Europarelevanz erhoben, nämlich der Umweltverschmutzung. Hier zeigten sich 67 % der Kinder interessiert oder sehr interessiert. Es bestätigt sich also, dass sich die Aufmerksamkeit auf politisch relevante Themen im Grundschulalter zwar ausweitet, das kindliche Interesse jedoch noch stark an konkrete Personen oder Gegenstände gebunden ist (Hafner 2006, S. 58). Interesse an europäischen Fragen sollte im Unterricht also durch die Behandlung ganz konkreter Themen aufgebaut werden.

4. Gruppenspezifische Unterschiede: Geschlecht und Herkunft

Studien zu den politischen Orientierungen von Kindern zeigen durchgängig die Bedeutung des Geschlechts und der ethnischen Herkunft zur Erklärung gruppenspezifischer Unterschiede (vgl. u.a. Tausendpfund 2008, S. 27 f.; siehe auch die Beiträge von Abendschön/Tausendpfund und Oberle et al. in diesem Band). In unser Studie ergab sich das folgende Bild:

4.1. Geschlechterunterschiede

Die Stichprobe der Untersuchung umfasst jeweils zur Hälfte Mädchen (49,6 %) und Jungen (50,4 %). Wertet man die Ergebnisse nach der Geschlechtszugehörigkeit aus, fällt auf, dass Jungen tendenziell mit einer größeren Wahrscheinlichkeit die richtigen Antworten wissen. Der Unterschied ist bei Fragen wie „Was ist Europa?" oder der Frage nach der Bedeutung der europäischen Flagge zwar sehr gering, deutlich aber etwa bei der Frage nach den bekannten europäischen Staaten. Die Durchschnittszahl an genannten Ländern liegt bei Jungen bei 7,4 Ländern und damit zwei Länder über der durchschnittlichen Anzahl, die die befragten Mädchen nannten. Die bessere Länderkenntnis könnte auch mit der i. d. R. größeren Fußballbegeisterung der Jungen zusammenhängen, weil sie dadurch viele Nationalmannschaften kennen. Hinsichtlich persönlicher Erfahrungen im Ausland weisen Jungen und Mädchen keine Unterschiede auf und auch hinsichtlich des Nachrichtenkonsums ist lediglich festzustellen, dass Mädchen eher Kindernachrichten und Jungen vermehrt auch Erwachsenennachrichten konsumieren.

Weiterhin hat die Untersuchung ergeben, dass knapp die Hälfte der Jungen viele Gemeinsamkeiten mit Kindern aus anderen europäischen Ländern sehen, dagegen nur ein Viertel der Mädchen. Eine sozialisationstheoretische Erklärung könnte sein, dass Jungen im jungen Alter eher *peer group*-orientiert sind und sich dadurch stärker mit anderen Kindern identifizieren (vgl. Blank-Mathieu 2006, S.68f.; Böhnisch/Winter 1994, S.85). Eine zweite Hypothese könnte, analog zu Befunden bei Erwachsenen, einen Zusammenhang zwischen größerem Vorwissen und höherer Identifikation mit Kindern anderer Nationalitäten herstellen. Nach Büker (1998) erhöht ein stärkeres Bewusstsein für die Mehrdimensionalität der eigenen Identität die Offenheit gegenüber Menschen anderer Nationen. Denkbar ist auch, dass die befragten Jungen bei der Frage nach Gemeinsamkeiten andere Assoziationen hatten, etwa hinsichtlich von Schulalltag oder Freizeitaktivitäten, als die Mädchen (vgl. Kapitel 3.2.).

Auch die Auswertung jener Fragen, welche auf die Kenntnisse über die Abkürzung EU und über die EU-Flagge zielen, zeigen einen Vorsprung der Jungen, wobei die befragten Mädchen häufiger die Ankreuzmöglichkeit „Ich weiß es nicht" nutzen. Auffallend ist, dass sich die Jungen insgesamt besser einschätzen: 18% der Jungen schätzen ihr Wissen über Europa als sehr gut ein, aber nur knapp 2% der Mädchen. Wie in anderen Studien zeigt sich, dass das subjektive Wissen positiv mit dem objektiven Wissen zusammenhängt, denn die Jungen schätzen sich nicht nur besser ein, sondern schneiden auch objektiv etwas besser als die befragten Mädchen ab. Für Schülerinnen und Schüler in der Sekundarstufe I hat Oberle (2012) auf diesen Unterschied hingewiesen.

Insgesamt sind die Unterschiede zwischen den befragten Jungen und Mädchen zwar nicht sehr stark, sie legen aber dennoch Überlegungen zu einem entsprechend geschlechtersensiblen Unterricht nahe. Da sich die geringsten Unterschiede beim Interesse an fremden Ländern abgezeichnet haben, stellt sich dieser Themenbereich wiederum als gut geeigneter Anknüpfungspunkt für einen Europaunterricht dar, in dem auch europapolitische Inhalte behandelt und kognitive Disparitäten zwischen Mädchen und Jungen verringert werden können.

4.2. Herkunftsbedingte Unterschiede

Neben den geschlechtsabhängigen Unterschieden bezüglich des Vorwissens von Grundschülern zeigen politikdidaktische Studien, dass ein Migrationshintergrund negative Effekte auf das politische Wissen von Kindern haben kann. In der Regel spielen hierbei fehlende Deutschkenntnisse, Integrationsdefizite, Diskriminierungserfahrungen und die geringere Nutzung deutschsprachiger Medien im Elternhaus erschwerend zusammen (vgl. van Deth et al. 2007; Götzmann 2015).

In der vorliegenden Studie, bei der 35% der Kinder einen Migrationshintergrund hatten, zeigt sich allerdings keine große Schere zwischen Kindern deutscher und anderer Herkunft. So wird etwa die Frage „Was ist Europa?" (vgl. Kap. 3.1.)

von exakt gleich vielen Kindern richtig (78%), falsch (15%) oder unentschlossen (7%) beantwortet, unabhängig von ihrer Herkunft. Auch andere Fragen zeigen nur minimale Unterschiede. Interessant ist – und zunächst überraschend –, dass Kinder, die selbst im Ausland geboren sind, bei der Frage nach der Definition Europas als Ansammlung zahlreicher Staaten von allen Gruppen am besten abschneiden. 88% der Kinder mit Migrationshintergrund kannten die richtige Antwort. Auch bei der Aufzählung europäischer Länder liegen diese Kinder mit durchschnittlich 7,5 Nennungen leicht vorne. Bei Fragen zu Einstellungen oder Interesse an europäischen Themen lassen sich keine signifikanten Differenzen ausmachen.

Diese Ergebnisse decken sich mit jüngeren PISA-Studien (2012), die zeigen, dass sich die Abstände zwischen Kindern mit und ohne Migrationshintergrund seit 2003 deutlich verringert haben und herkunftsbedingte Unterschiede bedeutend abgeschwächt wurden (vgl. ZIB 2013). Vor allem aber muss der Untersuchungsraum, in dem die Studie durchgeführt wurde, berücksichtigt werden: Die rheinland-pfälzischen Schulen im direkten Grenzgebiet weisen einen großen Anteil an Franzosen und Luxemburgern auf, die vermutlich weitaus besser in die deutsche Gesellschaft integriert sind als Schüler aus anderen Herkunftsländern. Ebenso muss beachtet werden, dass lediglich 8% der Kinder selbst im Ausland geboren sind, was bedeutet, dass 92% der Befragten schon immer in Deutschland gelebt haben und dort vor allem im kleinstädtischen und dörflichen Bereich aufgewachsen sind.

5. Schlussfolgerungen für den Europaunterricht

Normativ hat der Europaunterricht in der Grundschule das Ziel, Interesse und Verständnis für den europäischen Integrationsprozess zu fördern. Dafür sprechen nicht nur bildungspolitische Überlegungen, sondern auch der pädagogische Anspruch, das alltägliche Erleben kultureller Diversität in Europa für die jungen Schüler und Schülerinnen begreifbar zu machen. Die kindliche Offenheit und Aufgeschlossenheit zu nutzen, um ein stärkeres Bewusstsein für die Grundlagen der europäischen Vielfalt zu schaffen, zugleich aber die Gemeinsamkeiten an Interessen und Werten in Europa zu betonen, das kann als Erfolgsweg für eine gelingende frühe Europabildung betrachtet werden (vgl. Speck-Hamdan 2009, S. 28). Die EU als politisches Projekt Europas, das sich an dem Leitbild „Vereint in Vielfalt" orientiert, gehört zwingend zum Stoff eines solchen Unterrichts.

Aus der hier vorgestellten Studie lassen sich Argumente für einen integrativen Europaunterricht ableiten, der seinen Ausgangspunkt beim Vorwissen und den Interessen der Grundschüler findet, und der geographische, historische, ökonomische sowie kultur- und sozialwissenschaftliche Themen nutzt, um zum (europa)politischen Lernen zu gelangen. Die Studie hat zwei zentrale Ergebnisse erbracht: Einerseits zeigt sie ein großes Interesse der Kinder an anderen europäischen Staaten – und hier vor allem an den Themenbereichen Sprache und Alltagsleben. Die europäische Vielfalt in diesen Bereichen wird von der Mehrzahl der Kinder als bereichernd angesehen. Andererseits ist das konkrete Wissen über die EU, wie auch das Wissen über Politik im Allgemeinen, sehr begrenzt. Höheres Wissen findet sich bezüglich konkreter europapolitischer Themen wie Umweltschutz, Migration oder Frieden. Auch einzelne Facetten der EU-Politik, etwa die gemeinsame Währung oder die Freizügigkeit im Binnenmarkt, sind durchaus bekannt.

Es ist also naheliegend, einen kindgerechten Zugang zur politischen Dimension Europas über eine thematische Anknüpfung an die Lebenswelt der Kinder zu suchen. Dies kann über – bei den Kindern besser bekannte – geographische und kulturelle Sachverhalte oder durch eine Fallorientierung erfolgen, die beispielsweise konkrete Fragen des Umwelt- oder Tierschutzes in den Mittelpunkt stellt. Daran anknüpfend lässt sich für die Kinder nachvollziehbar herausarbeiten, dass eine europäische Gemeinschaft mit vielen heterogenen Interessen und Positionen Entscheidungsregeln braucht, die Minderheiten schützt und generell nach Lösungen zu streben hat, mit denen alle leben können. Wenn dies gelingt, dann haben die Grundschüler die verhandlungsdemokratische Grundmatrix der EU, und damit auch die Ursache der Komplexität der Union, verstanden – wer wollte mehr verlangen?

Literatur

Blank-Mathieu, Margarete (2006): Jungen im Kindergarten, Frankfurt/M.

Böhnisch, Lothar/Winter, Reinhard (1994): Männliche Sozialisation. Bewältigungsprobleme männlicher Geschlechtsidentität im Lebenslauf, Weinheim und München.

Büker, Petra (1998): Erziehung zu europäischer Verständigung in der Grundschule. Bedingungen, didaktische Konkretisierung, Realisationsmöglichkeiten, Frankfurt/M.

Detjen, Joachim/Massing, Peter/Richter, Dagmar/Weißeno, Georg (2012): Politikkompetenz – ein Modell, Wiesbaden.

Frech, Siegfried/ Kalb, Jürgen/Templ, Karl-Ulrich (2014): Europa in der Schule. Perspektiven eines modernen Europaunterrichts, Schwalbach/Ts.

Fuchs, Anne (2016): Europabildung in der Grundschule. Vorwissen und Präkonzepte von Kindern in der vierten Klasse zum Thema Europa und Europäische Union. Unveröffentlichte Examensarbeit an der Pädagogischen Hochschule Schwäbisch Gmünd.

Götzmann, Anke (2015): Entwicklung politischen Wissens in der Grundschule, Wiesbaden.

Grube, Dietmar (2011): Gedächtnisentwicklung, in: Horn, Klaus-Peter/ Kemnitz, Heidemarie/ Marotzki, Winfried/Sandfuchs, Uwe (Hrsg.): Klinkhardt Lexikon Erziehungswissenschaft. Band 1, Bad Heilbrunn, S. 448–459.

Hafner, Verena (2006): Politik aus Kindersicht. Eine Studie über Interesse, Wissen und Einstellungen von Kindern, Stuttgart.

Oberle, Monika (2012): Politisches Wissen über die Europäische Union. Subjektive und objektive Politikkenntnisse von Jugendlichen, Wiesbaden.

Richter, Dagmar (2015): Politische EU-Bildung in der Grundschule?, in: Oberle, Monika (Hrsg.): Die Europäische Union erfolgreich vermitteln. Perspektiven der politischen EU-Bildung heute, Wiesbaden.

Schmeinck, Daniela (2009): Europa in der Grundschule – Voraussetzungen, didaktische Konkretisierung und Umsetzungsmöglichkeiten am Beispiel des COMENIUS 2.1 Projekts E-PLIPS – The Implementation of a European Dimension by Peer Learning in Primary School, in: Karlsruher Pädagogische Beiträge, S. 87–115.

Schneider, Ilona Katharina (2007): Politische Bildung in der Grundschule. Sachinformationen, didaktische und methodische Überlegungen. Unterrichtsideen und Arbeitsmaterialien für die 1. bis 4. Klasse, Baltmannsweiler.

Schniotalle, Meike (2003): Räumliche Schülervorstellungen von Europa. Ein Unterrichtsexperiment zur Bedeutung kartographischer Medien für den Aufbau räumlicher Orientierung im Sachunterricht der Grundschule, Berlin.

Speck-Hamdan, Angelika (2009): Europäisierung als Perspektive: Die Balance zwischen Einheit und Vielfalt, in: Röhner, Charlotte/Henrichwark, Claudia/Hopf, Michaela (Hrsg.): Europäisierung der Bildung. Konsequenzen und Herausforderungen für die Grundschulpädagogik, Wiesbaden.

Tausendpfund, Markus (2008): Demokratie Leben Lernen – Erste Ergebnisse der dritten Welle. Politische Orientierungen von Kindern im vierten Grundschuljahr. http://www.mzes.uni-mannheim.de/publications/wp/wp-116.pdf, Zugriff am 18.10.17.

Thiedke, Mike (2005): Grundschulkinder und Regionalräume. Vom Wissen über die Region zu Wissen für Europa, Bad Heilbrunn.

Van Deth, Jan W./Abendschön, Simone/Rathke, Julia/Vollmar, Meike (2007): Kinder und Politik. Politische Einstellungen von jungen Kindern im ersten Grundschuljahr, Wiesbaden.

Vollmar, Meike (2012): König, Bürgermeister, Bundeskanzler? Politisches Wissen von Grundschülern und die Relevanz familiärer und schulischer Ressourcen, Wiesbaden.

ZIB [Zentrum für Internationale Bildungsvergleichsstudien, TU München] (2013): Pressemitteilung PISA 2012: Deutschland erstmals in allen drei Bereichen deutlich über OECD-Durchschnitt. http://www.pisa.tum.de/fileadmin/w00bgi/www/Pressemitteilungen/PM_PISA_2012_ZIB.pdf, Zugriff am 18.10.17.

MONIKA OBERLE, SVEN IVENS
UND JOHANNA LEUNIG

EU-Planspiele in der Grundschule – Ergebnisse einer Interventionsstudie

1. Anlass und Hintergrund

Kinder sind in Bezug auf Politik keine unbeschriebenen Blätter. Ergebnisse empirischer Studien zeigen, dass Grundschüler/-innen bereits bei ihrer Einschulung über politische Kenntnisse und Orientierungen verfügen (z.b. van Deth et al. 2007; Götzmann 2015), die sich während der Primarstufe weiterentwickeln (ebd.; Abendschön/Tausendpfund 2017; Berti 2002; Moore et al. 1985). Das nebenbei erworbene politische Vorwissen von Kindern scheint allerdings fragmentarisch, wenig zusammenhängend zu sein (Richter 2011; vgl. auch Berti 2002) und u.a. nach dem sozio-ökonomischen familiären Hintergrund zu variieren (z.B. van Deth et al. 2007; Richter 2015).

Erforderlich ist daher eine intentionale politische Bildung, die einen strukturierten Konzeptaufbau fördert und sozialer Ungleichheit in politischen Kompetenzen entgegenwirkt. Neben Wissensvermittlung geht es um die Übung einer politischen Urteils- und (u.a. kommunikativen) Handlungsfähigkeit sowie die Förderung von politischem Interesse und demokratiekompatiblen Einstellungen (vgl. Modell Politikkompetenz, Detjen et al. 2012). Je nach Bürgerleitbild ist auch eine Stärkung der politischen Handlungsbereitschaften (Volitionen) der Lernenden ein Ziel politischer Bildung. Da sich bereits im Grundschulalter das Selbstkonzept bereichsspezifischer Fähigkeiten ausbildet (vgl. Hasselhorn/Gold 2006, S. 166f.), ist es wichtig, allen Kindern politische Lerngelegenheiten zu bieten und positive Erfahrungen der Anwendung ihrer politischen Kompetenzen zu ermöglichen.

Vieles spricht dafür, sich in der Grundschule auch mit der politischen Dimension Europas und dabei insbesondere der Europäischen Union (EU) auseinanderzusetzen (vgl. Detterbeck 2017; Schauenberg 2015; Schöne/Immerfall 2015). So betreffen politische Entscheidungen der EU in hohem Maße das Leben der Menschen in Deutschland und auch den Alltag von Kindern. Grundschüler/-innen verfügen bereits über Vorkenntnisse zu Europa und der EU (z.B. van Deth et al. 2007; Tausendpfund 2008). Zugleich ist davon auszugehen, dass sich verbreitet anzutreffende Vorurteile gegenüber der EU hier noch nicht verfestigt haben, sich grundlegende Einstellungen aber durchaus schon im Grundschulalter herausbilden (Büker 2009).

Doch wie sollte ein unbestreitbar komplexes Thema wie die EU in der Grundschule vermittelt werden? Zu intentionaler politischer Bildung in der Primarstufe gibt es generell wenig empirisch gesicherte Erkenntnisse (zu den raren Interventionsstudien, vgl. Richter 2015; Berti 2002; Weißeno et al. 2016[1]). Gefordert wird grundsätzlich, politische Bildung solle hier exemplarisch und komplexitätsreduziert erfolgen, Aufgaben unterteilen und für heterogene Lernergruppen differenzierte Lernangebote schaffen (Richter 2011). Notwendig sei eine politikdidaktische „Elementarisierung", wobei es gilt, „den ‚Charakter' des Politischen {zu} bewahren" (ebd., S. 277).

Für eine solche Elementarisierung bietet sich die Methode des Planspiels an. Als „komplex gemachte Rollenspiele mit klaren Interessensgegensätzen und hohem Entscheidungsdruck" (Meyer 1987, S. 366) repräsentieren Planspiele reale oder fiktionale politische Prozesse, reduzieren deren Komplexität und heben dabei Wesentliches hervor (Massing 2004). Planspiele stellen Politik – verstanden als menschliches Handeln zur Herbeiführung allgemeinverbindlicher Entscheidungen – in ihr Zentrum und ermöglichen das Erleben von politischen Aushandlungsprozessen, Kompromissfindung und Abstimmungen.

Planspiele haben sich in der schulischen und außerschulischen politischen Jugend- und Erwachsenenbildung etabliert (Petrik/Rappenglück 2017). Dass die Methode sich auch dafür eignet, politisches Lernen von Grundschulkindern zu fördern, darauf weisen Ergebnisse des Projekts „Kinderdemokratie" hin, in dem ein kommunalpolitisches Planspiel begleitend evaluiert wurde (Schwarz 2014). Die Frage, inwiefern sich die schüler-, handlungs- und prozessorientierte Methode des Planspiels auch zur EU-Vermittlung in der Grundschule eignet (für positive Befunde in den Sekundarstufen, vgl. Oberle/Leunig 2016 und 2018), stand im Fokus des Göttinger Jean Monnet Projekts „Planspiele zur handlungsorientierten EU-Vermittlung in der Primarstufe (PEP)" (gefördert von der Europäischen Kommission in ERASMUS+; Laufzeit: 09/15–08/16; http://pep.uni-goettingen.de). Für diese Zielgruppe wurden bislang kaum europapolitische Planspiele entwickelt, und es existieren bisher keine belastbaren

---

1 Weißeno et al. (2016) erforschten eine sieben Schulstunden umfassende Intervention in der Vierten Klassenstufe und konnten einen Zuwachs des politischen Wissens zum System der BRD und der EU nachweisen. Allerdings enthält die Studie keine Kontrollgruppe, und es liegen noch keine detaillierteren Analysen der Wissensveränderungen und des EU-Wissens vor.

Aussagen zu den Wirkungen und Bedingungen von EU-Planspielen bei Grundschüler/-innen. Dem Forschungsdefizit begegnet die PEP-Studie, aus der im Folgenden ausgewählte Ergebnisse präsentiert werden.

2. Ziele und Fragestellungen der PEP-Studie

Ziel der Studie ist es, Effekte der Teilnahme an den im Jean Monnet Projekt PEP entwickelten Planspielen auf das EU-Wissen sowie (generelle und EU-bezogene) politische Motivationen, Volitionen und Einstellungen von Grundschulkindern systematisch zu untersuchen. Beleuchtet werden darüber hinaus die Qualität der Planspiele aus Schülersicht sowie der Einfluss verschiedener Hintergrundvariablen auf die objektiven und subjektiven Planspielwirkungen. Die Fragestellungen sind entsprechend: (Wie) wirkt sich die Teilnahme an der Planspieleinheit auf die politischen EU-Kenntnisse, die politischen Einstellungen, Motivationen und Handlungsbereitschaften der Schülerinnen und Schüler aus? Wie beurteilen die Kinder selbst das Planspiel und seine Wirkungen? Zeigen sich für verschiedene Schülergruppen (z.B. hinsichtlich Geschlecht, Migrationshintergrund, politischem Ausgangsinteresse) Unterschiede in den objektiven und subjektiv empfundenen Planspielwirkungen?

3. Design der Studie

3.1. Das PEP-Planspiel

Im PEP-Projekt wurde in Kooperation mit der planpolitik GbR (www.planpolitik.de) ein EU-Planspiel in drei thematischen Varianten (Gesunde Ernährung; Umweltschutz; Tierschutz)[2] für die Zielgruppe Grundschüler/-innen der Vierten Klassenstufe entwickelt. Simuliert wird dabei eine politische Entscheidung (bezüglich Einführung einer Lebensmittelampel; Begrenzung des Benzinverbrauchs von PKW[3]; Abschaffung der Kastenstandhaltung trächtiger Sauen) des Rats der EU, wobei die Lernenden die Rolle von Ministerinnen und Ministern verschiedener EU-Mitgliedsstaaten übernehmen. Letztlich müssen

---

2 Die Spielmaterialien finden sich zum kostenlosen Download auf der Projekthomepage http://pep.uni-goettingen.de. Auch sind dort hochwertig produzierte Spielboxen zum Materialkostenpreis bestellbar.
3 Benzinverbrauch wurde als Vereinfachung von CO2-Ausstoß gewählt.

die Teilnehmenden bis zu drei (Mehrheits-)Entscheidungen treffen: (Wann) soll die Regelung kommen? Soll die Regelung verpflichtend oder freiwillig sein? Falls verpflichtend: Soll es Strafen geben?

Die Durchführung der Planspiele dauert inklusive thematischer Einführung und Auswertung ca. drei bis vier Zeitstunden. Die Spielleitung führt eingangs sowohl in das Policy-Themenfeld als auch in die EU ein und fungiert während des Spiels als die Regelung vorschlagende EU-Kommission. Natürlich kann die Einführung in die jeweilige Policy-Thematik und/oder das Thema Europa und Europäische Union auch ausführlicher bereits in früheren Schulstunden erfolgen. Dies ist jedoch keine Spielvoraussetzung.

Ausgehend von der Annahme, dass Grundschulkinder ein Verständnis des Konzepts Länder bzw. Staaten haben und diese als Akteure wahrnehmen können, wurde für das PEP-Planspiel der Rat der EU (umgangssprachlich: Ministerrat) als Setting gewählt. Auch zeigt sich der besondere Charakter einer transnationalen Verständigung der EU unmittelbarer im Ministerrat als im Europaparlament. Ein Nachteil ist, dass in einem Ratsplanspiel Staateninteressen als homogener empfunden werden können, als sie es tatsächlich sind, und dass das direkt gewählte Europaparlament keine zentrale Rolle spielt. Zu empfehlen wäre daher, sich in einer zusätzlichen Lerneinheit verstärkt mit dem Europaparlament auseinanderzusetzen.

Den PEP-Planspielen geht es nicht um eine wirklichkeitsgetreue Abbildung des Mitentscheidungsverfahrens der EU, sondern um die Vermittlung eines Verständnisses dafür, dass es die EU gibt und was sie ist – nämlich ein Zusammenschluss von Staaten, die sich gemeinsame Regeln zur Lösung von Problemen geben wollen, um das Zusammenleben der Bürger/-innen zu verbessern; dass in der EU nicht nur einer bestimmt, sondern alle Mitglieder mitreden und mitbestimmen können; und dass man Kompromisse braucht, weil es viele verschiedene Interessen gibt. So erfahren die Kinder, dass Mitgliedsstaaten der EU unterschiedliche Ausgangsbedingungen (z.B. Bedeutung der Automobil- bzw. Lebensmittelindustrie), Interessen und politische Meinungen haben. Und sie erleben, dass die Staaten sich in der EU nicht durch Krieg und Gewalt, sondern über kommunikativen Austausch, Kompromisse und Abstimmungen einigen.

Schließlich üben sich die Schülerinnen und Schüler selbst im Argumentieren – sie erfahren, was ein Argument ist, üben sich darin, Begründungen (auch die der anderen) nachzuvollziehen und eine Ansicht im Rollenspiel vor der Klasse begründet zu artikulieren. Stärkere Lernende können auch eigene, zusätzliche Argumente finden und formulieren. Die Kinder vollziehen spielerisch politische Kompromisse und kommen zu einer gemeinsamen Entscheidung.

Auf der Einstellungsebene ist es Ziel, eine der EU gegenüber offene Haltung zu fördern, die auf folgendem Verständnis basiert: Die EU soll nicht verkürzt als Problem wahrgenommen werden, sondern als Instrument dafür, bestehende Aufgaben zu lösen, die auch das alltägliche Zusammenleben der Menschen betreffen – wobei Entscheidungen durch Vertreter/-innen der Mitgliedsländer inklusive Deutschland getroffen werden. Ein solches Verständnis steht der Annahme entgegen, „Brüssel" würde entscheiden, und immunisiert gegen ein „blame game", ohne auf blinde EU-Euphorie zu setzen.

Last not least, soll das Planspiel den Teilnehmenden Spaß machen und zur Auseinandersetzung mit Politik motivieren. Die Handlungsorientierung des Spiels soll auch dazu dienen, das politische Effektivitätsgefühl der Kinder zu stärken – das Zutrauen in die eigenen Fähigkeiten, über politische Fragen mitdiskutieren und auch mitentscheiden zu können.

3.2. Anlage der Begleitstudie

Im Frühjahr 2016 wurden 15 PEP-Planspiele mit insg. 360 Schüler/-innen aus 17 Klassen an 8 Grundschulen mehrerer Bundesländer (Baden-Württemberg, Bremen, Niedersachsen, Nordrhein-Westphalen) durchgeführt (Spielleitung: Teamerinnen von Planpolitik) und begleitend beforscht. Die Datenerhebung erfolgte mittels schriftlichem, teil-standardisierten Fragebogen zu 3 Messzeitpunkten (MZP; Prä-Test morgens direkt vor der Spieleinheit, Post-Test mittags direkt im Anschluss, Follow-up-Befragung ca. 6–8 Wochen später; Dauer je ca. 20–30 Min.) durch instruierte Versuchsleiter/-innen der Universität Göttingen. Diese nahmen zudem beobachtend an allen Planspielen teil und führten im Anschluss mit einzelnen Kindern leitfaden-gestützte Interviews, die als Audiodatei aufgezeichnet und anschließend transkribiert wurden. Das Sample der Interventionsstudie besteht aus N = 318/293 (2/3 MZP) Schüler/-innen der 4. (sowie einer 3. und einer gemischten 3./4.) Grundschulklasse (weiblich = 53,7%; Migrationshintergrund = 42,8%; Altersdurchschnitt = 9,52, SD = .73).[4] Zusätzlich wurden im Herbst 2016 und Frühjahr 2017 Schüler/-innen aus acht Klassen an drei Niedersächsischen Grundschulen als Kontrollgruppe befragt. Die Gruppe erhielt keine Intervention, sondern nahm nur an der schriftlichen Befragung zu 3 MZP teil (Test-Retest-Verfahren). Der Vergleich von Interventions- und

---

4 Voraussetzung der behördlich genehmigten Befragung war die Einwilligung der Eltern. Deren Ablehnung bzw. vergessene Elternbriefe führten zu einem *drop-out*, der nach Rücksprache mit Lehrkräften keine Systematik bez. schulischer Leistung, Migrationshintergrund oder Geschlecht aufweist.

Kontrollgruppe soll ermöglichen, den Fragebogeneffekt (z.B. Lernen durch anschließende Gespräche über den Fragebogen) und andere zufällige Einflüsse als ursächlich für vorgefundene Veränderungen möglichst ausschließen zu können.[5] Analog zur Interventionsgruppe erfolgte auch in der Kontrollgruppe der Prä-Test morgens zu Schulbeginn, wenige Stunden später der Post-Test, ca. 6–8 Wochen danach dann der Follow-up-Test. Das Sample der Kontrollgruppe besteht aus N = 125 (3 MZP) Schüler/-innen der 4. Klassenstufe (weiblich = 51,6 %; Migrationshintergrund = 44,5 %; Altersdurchschnitt = 9.42, SD = .60).

Der teilstandardisierte Fragebogen erfasste in Interventions- und Kontrollgruppe mit 4-stufig Likert-skalierten Items (sprachlich teilweise vereinfachend weiterentwickelt nach Oberle/Forstmann 2015; Oberle/Leunig 2016; basierend u.a. auf Kerr et al. 2010; Köller et al. 2000; Likert-Skalierung in der Auswertung einheitlich gepolt auf 1 = stimme gar nicht zu, 4 = stimme voll zu) u.a. das Interesse der Lernenden an Politik und der EU, ihre Einstellungen zur EU (generell sowie wahrgenommene Responsivität der EU), ihr empfundener Alltagsbezug von Politik sowie der EU, ihr internes EU-bezogenes Effektivitätsgefühl (subjektives Wissen sowie wahrgenommene diskursbezogene Selbstwirksamkeit), ihre generelle politische Partizipationsbereitschaft (basal; weitergehend – für diese Unterscheidung vgl. z.B. Oberle/Leunig 2018) sowie mit einer Batterie aus 12 Multiple-Choice-Items das Wissen über die EU (zumeist 3 Distraktoren mit weiß-nicht Option; adaptiert nach Oberle/Forstmann 2015, Oberle 2012, sowie einer Göttinger Pilotstudie mit 5.-Klässler/-innen). Das EU-Interesse der Kinder, ihr wahrgenommener Alltagsbezug von Politik und der EU sowie ihre basale Partizipationsbereitschaft („wählen gehen") wurden jeweils mit einem einzelnen Item, alle übrigen Konstrukte mit Batterien aus zwei bis vier Items (Fitwerte und Bespielitems siehe Tab. 1) erhoben.

Die EU- und politikbezogenen Dispositionen der Teilnehmenden wurden zu allen 3 MZP erfragt. In der Interventionsgruppe wurden die Kinder in Post- und Follow-up-Befragung außerdem mit 12 Likert-skalierten Items nach ihrer Zufriedenheit mit dem Planspiel bzw. ihrer Bewertung des Spiels und seiner Effekte gefragt. Analog zur Sekundarstufenstudie zu EU-Planspielen (Oberle/Leunig 2016 und 2018) ergibt sich dabei ein dreidimensionales Messmodell mit den Faktoren a) generelle Bewertung des Spiels, b) subjektiver Lerneffekt sowie c) Interessenszuwachs/Motivationszuwachs (sich weiter mit der EU zu beschäf-

---

5 Dass die Kontrollgruppe nicht zur gleichen Zeit befragt wurde wie die Interventionsgruppe, ist nicht ideal. Allerdings fand in keinem der beiden Zeiträume ein Europawahlkampf statt, und es scheint gerechtfertigt, die Ergebnisse zur Plausibilisierung heranzuziehen.

Tabelle 1: Messmodelle: Fitwerte und Beispielitems (Gesamtsample Längsschnitt 3 MZP, N=418)

	Anzahl Items	Cronbachs α	Beispielitems
EU-Einstellungen generell	2	.77/.82/.68	Die EU ist eine gute Sache.
EU-bezogenes Responsivitätsgefühl	2	.63/.69/.71	Bürger/innen haben Einuss auf die Entscheidungen der EU.
Interesse an Politik	3	.84/.87/.85	Interessierst du dich für Politik?
Partizipationsbereitschaft (weitergehend)	3	.79/.83/.78	Kannst du dir vorstellen später einmal ... an einer Unterschriftensammlung zu einem politischen Thema teilzunehmen?
Internes Eektivitätsgefühl (EU-bezogen)	3	.67/.80/.75	Wenn über die EU gesprochen wird, habe ich auch etwas zu sagen.
Akademisches Selbstkonzept	3	.78	Ich war schon immer gut in der Schule.
Zufriedenheit Planspiel (Interventionsgruppe)* (3-faktoriell; I=generell, II=subjektiver Verständniszuwachs, III=Interessenszuwachs/Motivation)	I = 2 II = 6 III = 4	I = .90/.88 II = .75/.82 III = .84/.86	I=Wie hat dir das Planspiel gefallen? II= Durch das Planspiel verstehe ich besser, wie die EU arbeitet. III= Das Planspiel ... hat mich motiviert, mich weiter mit der EU zu beschäftigen.
	Anzahl Items	WLE/EAP; Variance; Discrimination;	Beispielitems
Wissen über die EU	12	.71/.75 1.78 .39/.66	Was ist die Europäische Union? (ein Zusammenschluss mehrerer Länder) Wie viele Länder sind Mitglied in der Europäischen Union? (28)

*$x2 = 151.02(51)^{***}/ 117.29(51)^{***}$; CFI = .97/.98; TLI= .96/.97; RMSEA= .08/.07

tigen sowie politisch zu partizipieren), dem ebenfalls eine gute Datenpassung bescheinigt wird (siehe Tab. 1).

Als Hintergrundvariablen erhoben wurden Geschlecht, Alter und Migrationshintergrund (Geburtsland von Kind und Eltern), das kulturelle Kapital des Elternhauses (Proxy-Indikator Bücher zu Hause, Kerr et al. 2010) sowie das akademische Selbstkonzept der Kinder (nach: Arens et al. 2011). Die Datenauswertung erfolgte in SPSS (u.a. explorative Faktorenanalysen; Cronbachs α; Mittelwerte), ConQuest (Rasch-Skalierung des Wissenstests) und MPlus 7.4 (Messmodelle latenter Variablen, multiple Regressionen, Strukturgleichungen und latente Klassenanalysen), wobei die hierarchische Struktur der Daten (Kinder genestet in Klassen bzw. Spielgruppen) stets berücksichtigt wurde (MPlus Befehl Type = Complex).

4. Ergebnisse

Die teilnehmenden Schüler/-innen äußern eine hohe Zufriedenheit mit dem Planspiel und seinen Effekten. Die Mittelwerte der latenten Variable subjektive

Planspielbewertung (siehe Tab.) zeigen, dass die Kinder das Planspiel generell sehr positiv bewerten (M = 3.78, SD = .55) und auch seine Lerneffekte (bezogen auf das Verständnis von Politik und EU) als hoch (M = 3.61, SD = .48) einschätzen. Hinsichtlich der Fragen, ob das Planspiel das Interesse des Kindes an Politik und EU erhöht, zur weiteren Beschäftigung mit der EU und zu politischer Beteiligung motiviert hat, ist ebenfalls Zustimmung zu verzeichnen, allerdings in etwas geringerem Maße und mit einer höheren Streuung (M = 3.25, SD = .74).

Besonders eindrücklich war für die Kinder die Bedeutung von Kompromissen in der Politik. 94,8 % der Kinder gaben an, durch das Planspiel besser zu verstehen, dass Kompromisse in der Politik wichtig sind. Diesen Lerneffekt veranschaulicht auch das folgende Schülerzitat aus den begleitenden Interviews: Auf die Frage „Was würdest du sagen, hast du über Politik oder Politiker gelernt in dem Spiel?" antwortet das Kind: „Dass die nicht einfach sagen, wie Hitler, wenn ihr das jetzt nicht sagt, dann also. Die finden gemeinsam eine Lösung und Mehrheit und nicht, dass einer sagt ‚Du nimmst jetzt die Antwort oder es gibt Krieg'"-

Die Kinder wurden im Post-Test außerdem gebeten, dem Planspiel Adjektive zuzuordnen. Demnach war das PEP-Planspiel aus Schülersicht sehr interessant (M = 3.72, SD = .68), lehrreich (M = 3.55, SD = .83) und spannend (M = 3.50, SD = .77), durchaus auch lustig (M = 3.19, SD = 1.00) und auf keinen Fall zu schwer (M = 1.39, SD = .67) (siehe Abb. 1).

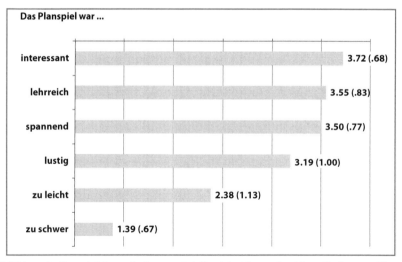

Abbildung 1: Planspieleigenschaften aus Schülersicht (vier-stufige Likert Skalen: 1=trifft gar nicht zu, 4=trifft voll zu) (Sample 2 MZP, N=318).

Die Mittelwertvergleiche der Politik- und EU-bezogenen Dispositionen (siehe Tab. 2) zeigen im Prä-Post-Vergleich durchweg signifikante, teilweise starke Effekte mit einer Entwicklung hin zu höheren EU-Kenntnissen, stärkeren Politik- bzw. EU-bezogenen Motivationen und Volitionen sowie positiveren Einstellungen zur EU (Cohens d = .28 bis 1.43). Besonders deutlich fällt der Zuwachs an objektivem EU-Wissen und internem EU-bezogenen Effektivitätsgefühl (inkludiert subjektives Wissen), aber auch dem generellen politischen Interesse aus. Dagegen zeigen sich in der Kontrollgruppe keine bedeutsamen Effekte bei den Mittelwertvergleichen der Politik- und EU-bezogenen Dispositionen zwischen Prä- und Post-Test.

Im Follow-up-Test ist die Ausprägung der erfragten Dispositionen erwartungsgemäß rückläufig, wobei die Veränderungen im EU-Wissen, der Partizipationsbereitschaft und den generellen EU-Einstellungen nicht mehr bedeutsam ausfallen. Vergleicht man allerdings die Antworten der Kinder im Prä-Test mit den Ergebnissen der Follow-up-Befragung, zeigen sich weiterhin deutliche positive Entwicklungen. Bei den mit Single-Items erfragten Dispositionen EU-Interesse sowie wahrgenommener Alltagsbezug von EU und Politik generell ist die Effektstärke gering. Bei allen übrigen Dispositionen zeigen sich jedoch bedeutsame Effekte, wobei wiederum insbesondere die EU-Kenntnisse und das interne EU-bezogene Effektivitätsgefühl, aber auch das generelle Politikinteresse und die Einstellungen gegenüber der EU (generell und Responsivität) höher bzw. positiver ausfallen als vor dem Planspiel. In der Kontrollgruppe sind dagegen auch im Follow-up-Test – bis auf einen leichten Zuwachs an EU-Wissen (Cohens d = .29; deutlich geringere Effektstärke als der Wert d = 1.39 in der Interventionsgruppe), der möglicherweise auf Gespräche anlässlich des Fragebogens zurückzuführen ist – keine bedeutsamen Veränderungen der erhobenen Dispositionen festzustellen.

Für den planspielinduzierten Wissenszuwachs offenbaren multiple Regressionen und Strukturgleichungen einen geschlechtsspezifischen Effekt (vgl. Oberle/Leunig 2017): Mädchen konnten – unter Kontrolle der übrigen sozio-demographischen Hintergrundvariablen – ihre EU-Kenntnisse demnach stärker ausbauen als Jungen (r = .38***). Berücksichtigt man hier allerdings das Vorwissen der Kinder, hat das Geschlecht keinen signifikanten Einfluss mehr auf den Wissenszuwachs. Positiv wirken dann hingegen das kulturelle Kapital des Elternhauses (.17***) sowie das akademische Selbstkonzept der Kinder (.20***). Mädchen konnten demnach ihre Wissensdefizite durch die Planspielteilnahme tendenziell ausgleichen (Effektstärke der Geschlechterunterschiede im Prä-Test Cohens d = .66, im Post-Test d = .28, im Follow-up-Test d = .30),

Tabelle 2: Vergleich EU-bezogener Dispositionen über drei Messzeitpunkte (Interventions- und Kontrollgruppe): Mittelwerte (M), Standardabweichungen (SD), Effektstärken der Veränderungen (Cohens d)

Erhobene Konstrukte		Interventionsgruppe (N=293)						Cohens d		
		Prä-Test		Post-Test		Follow-up		Prä-Post	Post-F.u.	Prä-F.u.
		M	SD	M	SD	M	SD			
Einstellungen EU	generell	3.29	.67	3.64	.58	3.54	.56	.56	-.18	.41
	Responsivität	2.83	.66	3.25	.70	3.05	.68	.62	-.29	.33
Interesse	EU	2.62	.81	3.05	.80	2.75	.84	.53	-.37	.16
	generell	2.41	.74	3.04	.78	2.68	.79	.83	-.46	.35
Partizipationsbereitschaft EU	basal	3.03	.95	3.29	.88	3.22	.93	.28	-.08	.20
	weitergehend	2.07	.70	2.54	.90	2.20	.76	.58	-.41	.18
Alltagsbezug	EU	2.72	.76	3.01	.84	2.83	.84	.36	-.21	.14
	generell	2.70	.81	3.04	.87	2.84	.87	.41	-.23	.17
internes Effektivitätsgefühl EU		2.08	.64	2.87	.70	2.68	.65	1.18	-.28	.93
objektives EU-Wissen		4.71	2.54	8.29	2.48	8.15	2.42	1.43	-.06	1.39
Planspielbewertung	generell			3.78	.55	3.60	.58	–	-.32	
	subjektiver Verständniszuwachs			3.61	.48	3.44	.51		-.34	
	Interessenszuwachs/Motivation			3.25	.74	2.76	.76		.65	

Erhobene Konstrukte		Kontrollgruppe (N=125)						Cohens d		
		Prä-Test		Post-Test		Follow-up		Prä-Post	Post-F.u.	Prä-F.u.
		M	SD	M	SD	M	SD			
Einstellungen EU	generell	3.30	.76	3.28	.75	3.26	.62	-.04	-.03	-.06
	Responsivität	2.75	.74	2.76	.78	2.73	.75	.13	-.04	-.03
Interesse	EU	2.52	.84	2.42	.86	2.41	.89	-.12	-.01	-.13
	generell	2.35	.78	2.44	.79	2.44	.82	.12	-.08	.11
Partizipationsbereitschaft EU	basal	3.06	.97	3.01	1.03	3.09	.97	.05	-.08	.13
	weitergehend	2.07	.79	2.10	.84	2.03	.79	.04	-.09	-.05
Alltagsbezug	EU	2.65	.84	2.50	.80	2.49	.81	-.18	-.01	-.19
	generell	2.70	.86	2.57	.74	2.66	.69	-.16	-.13	-.05
internes Effektivitätsgefühl EU		2.06	.64	2.15	.67	2.12	.72	.14	-.04	.09
objektives EU-Wissen		4.56	2.25	4.84	2.22	5.27	2.6	.13	.18	.29

d ≥.20 -> kleine Effektstärke, d ≥ .50 ->mittlere Effektstärke, d ≥ .80 -> große Effektstärke

Tabelle 3: Offene Frage „Warum gibt es die EU?": Häufigkeiten und Prozentwerte für Prä-, Post- und Follow-up-Test (Interventionsgruppe)

Warum gibt es die EU?	Häufigkeiten (Prozent)		
	Prä-Test	Post-Test	Follow-up-Test
Frieden	20 (6,8)	65 (22,2)	50 (17,1)
Gerechtigkeit & Solidarität	15 (5,1)	20 (6,8)	22 (7,5)
Wirtschafts- & Währungsunion	8 (2,7)	10 (3,4)	11 (3,8)
Regeln, Gesetze & gemeinsame Lösungen	7 (2,4)	52 (17,7)	61 (20,8)
Sonstige	21 (7,2)	14 (4,8)	18 (6,1)
Weiß nicht	67 (22,9)	30 (10,2)	45 (15,4)
Keine Angabe	155 (52,9)	102 (34,8)	86 (29,4)
Insgesamt	293 (100)	293 (100)	293 (100)
Intercoderreliabilität Cohens Kappa	.87***	.89***	.90***

***($p \leq 0.001$), **($p \leq 0.01$), *($p \leq 0.05$)

während Kinder aus kulturkapitalstarken Elternhäusern und mit positiverem akademischem Selbstkonzept die Teilnahme effektiver für ihren Wissenserwerb nutzen konnten als ihre Mitschüler/-innen.

Der Fragebogen enthielt neben den 12 Multiple-Choice-Items zum EU-Wissen auch die offene Frage „Warum gibt es die EU?", mit der in einfacher Form Vorstellungen der Kinder zu Grund bzw. Zweck der EU erfragt werden sollten. Bereits im Prä-Test formulierten 22,6% der Kinder eine Antwort, was sich direkt nach dem Planspiel auf 42,5% und im Follow-up-Test auf 44,9% steigerte. Die Antworten wurden mittels kategorialer Inhaltsanalyse (nach Mayring 2010) in einem v.a. induktiven Vorgehen den vier Kategorien „Frieden", „Gerechtigkeit und Solidarität", „Wirtschafts- und Währungsunion" sowie „Regeln, Gesetze und gemeinsame Lösungen" zugeordnet (siehe Tab. 3). Am häufigsten fielen im Prä-Test Antworten der Kategorie „Frieden", durch die Planspielteilnahme erhöhten sich insbesondere die Antworten der Kategorie „Regeln, Gesetze und gemeinsame Lösungen" deutlich und werden im Follow-up-Test noch häufiger genannt als der Aspekt Friedenssicherung. Der Anteil der Kinder, die auf diese Frage keine Antwort gaben, nahm dagegen stark ab.

Multiple Regressionen zeigen, dass die Zufriedenheit der Kinder mit dem Planspiel bzw. ihre subjektive Bewertung seiner Effekte unabhängig ist von ihrem Alter, Migrationshintergrund und kulturellem Kapital (Proxy-Indikator: Bücher zu Hause). Sie variiert allerdings nach Geschlecht und politischem Aus-

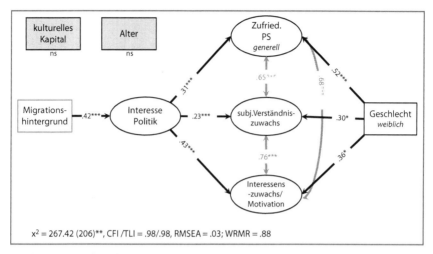

x^2 = 267.42 (206)**, CFI /TLI = .98/.98, RMSEA = .03; WRMR = .88

Abbildung 2: Strukturgleichung: Planspielbewertung der Schüler/-innen (Post-Test), politisches Ausgangsinteresse und Hintergrundvariablen

gangsinteresse (siehe Strukturgleichung in Abb. 2). So fällt die Bewertung der Mädchen in allen drei Dimensionen positiver aus als die der Jungen. Analog zur Göttinger Sekundarstufen-Studie (vgl. Oberle/Leunig 2016) bewerten außerdem vorab politisch interessiertere Kinder das Planspiel und seine Effekte signifikant positiver als ihre weniger interessierten Mitschüler/-innen.

Bemerkenswert ist hierbei, dass das politische Ausgangsinteresse nicht vom Geschlecht oder kulturellen Kapital der Lernenden, jedoch deutlich von ihrem Migrationshintergrund abhängt, wobei Kinder mit Migrationshintergrund politisch interessierter sind. Genauere Analysen zeigen, dass Kinder mit Migrationshintergrund der ersten Generation das größte politische Interesse aufweisen (M = 2.66, SD = .08), dass jedoch auch Kinder mit Migrationshintergrund der zweiten Generation sich mit M = 2.55 (SD = .68) signifikant stärker für Politik interessieren als ihre Mitschüler/-innen ohne Migrationshintergrund (M = 2.29, SD = .74).[6]

Um festzustellen, ob es sich bei der Abhängigkeit der Planspielbewertung vom Politikinteresse lediglich um einen relativen Unterschied handelt oder ob vorab Desinteressierte das Planspiel und seine Effekte negativ bewerten, wur-

---

[6] Erfasst wurde Migration der ersten (Kind und Eltern im Ausland geboren) und zweiten (Kind in Deutschland geboren, Eltern im Ausland geboren) Generation. Ein biographisch länger zurückliegender Migrationshintergrund wurde nicht erfragt.

Tabelle 4: Planspielbewertung und Entwicklung politischen Interesses der Kinder nach Typen politischen Ausgangsinteresses

	Mittelwerte (SD)			Cohens d Prä-Test vs. Post-Test		
	Typ I geringes Interesse n=64	Typ II mittleres Interesse n=122	Typ III hohes Interesse n=107	Typ I	Typ II	Typ III
Politisches Interesse Prä-Test	1.38 (.32)	2.28 (.29)	3.16 (.36)	*1.93*	*1.36*	*.40*
Politisches Interesse Prä-Test	2.58 (.82)	2.98 (.67)	3.38 (.69)			
				Prä-Test vs. Follow-up		
Politisches Interesse Follow-up	2.22 (.76)	2.60 (.69)	3.05 (.74)	*1.44*	*.61*	*−.19*
Post-Test				Typ 1–2	Typ 2–3	Typ 1–3
Planspielbewertung: generell	3.49 (.64)	3.74 (.40)	3.88 (.42)	*.51*	*.34*	*.76*
Planspielbewertung: Verständniszuwachs	3.51 (.55)	3.64 (.42)	3.65 (.48)	*.28*	*.02*	*.28*
Planspielbewertung: Interessenszuwachs	2.90 (.82)	3.24 (.70)	3.46 (.64)	*.46*	*.33*	*.79*

de eine latente Klassenanalyse (LCA) durchgeführt, die drei Interesse-Typen ergibt (vgl. Oberle/Leunig 2017). Mittelwertvergleiche der Planspielbewertung nach Interessetyp (vgl. Tab. 4) zeigen, dass auch der (eingangs) politisch ausgesprochen desinteressierte Typ Schüler/-in das EU-Planspiel positiv bewertet. Bemerkenswert ist des Weiteren, dass diese Schülergruppe die stärksten Zuwächse an Politikinteresse über die 3 MZP hinweg erfährt. Nach Herkunftsländergruppen getrennte Analysen für Kinder mit Migrationshintergrund zeigen, dass Kinder ohne Migrationshintergrund durch die Planspielteilnahme im politischen Interesse „aufholen", also in Post- und Follow-up-Test ähnliche Werte aufweisen wie ihre Mitschüler/-innen mit Migrationsbiographie. Allein Kinder mit familiären Geburtsländern im ost- und westeuropäischen sowie nordamerikanischen Ausland zeigen nach der Planspielteilnahme wiederum ein deutlich höheres politisches Interesse als ihre Mitschüler/-innen ohne Migrationshintergrund.

Analog zur Sekundarstufenstudie (Oberle/Leunig 2018) wurde auch für die Wahrnehmung der EU-Responsivität eine latente Klassenanalyse durchgeführt, die eine 2-Klassenlösung nahelegt (niedrigster BIC, Entropie-Wert = .76, mittlere Klassenzuordnungswahrscheinlichkeit = .85-.92). Mittelwertvergleiche über die 3 MZP für beide Gruppen zeigen, dass Typ 1 mit dem eingangs geringeren

Responsivitätsempfinden (M = 1.76, SD = .37) sich deutlich stärker verändert und im Follow-up-Test bei M = 2.71 (SD = .67) liegt. Typ 2 mit dem eingangs höheren Responsivitätsempfinden (M = 3.04, SD = .47) entwickelt sich ebenfalls hin zu etwas positiveren Werten, allerdings verringert sich der Unterschied der beiden Gruppen beträchtlich (von Cohens d = 2.81 im Prä-Test auf d = .61 im Follow-up-Test).

5. Zusammenfassung und Ausblick

Die politische Dimension Europas kommt in der Grundschule meist zu kurz. Weit verbreitet scheint die Ansicht, dass eine Behandlung der Europäischen Union dort unangebracht sei. Generell steht im Sachunterricht oftmals soziales Lernen im Vordergrund – politisches Lernen wird vertagt und den Sekundarstufen überlassen. Die Ergebnisse der PEP-Studie können Praktiker/-innen dagegen Mut für eine Behandlung der EU in der Primarstufe machen: Sie unterstreichen, dass Planspiele ein lohnender Zugang zum politischen Lernen in der Grundschule sind und sich auch für die Auseinandersetzung mit dem Thema EU eignen. Die Grundschulkinder äußern eine sehr hohe Zufriedenheit mit dem Planspiel, wobei nicht nur der Spaß am Spiel, sondern insbesondere auch der erlebte Lerngewinn positiv hervorgehoben wird. Diese fruchtbare Kombination aus Spaß im aktiven Handeln und kognitivem Lernen bestätigen die abschließenden Aussprachen in der Klasse sowie die begleitenden Interviews. Die längsschnittlichen Untersuchungen zeigen deutliche Zugewinne an EU-Wissen, politischen Motivationen und Volitionen sowie positiveren Einstellungen gegenüber der EU. Zwar sind längerfristig Rückgänge der Werte zu verzeichnen, doch auch ca. 6 – 8 Wochen später lassen sich, im Gegensatz zur Kontrollgruppe, noch immer bedeutsame Veränderungen in zentralen EU-bezogenen und generellen politischen Dispositionen der Lernenden nachweisen.

Eingangs an Politik weniger interessierte Kinder bewerten das Planspiel und seine Effekte zwar weniger positiv als ihre Mitschüler/-innen, politisch desinteressierte Schüler/-innen verzeichnen jedoch die stärksten planspielinduzierten Zugewinne an Politikinteresse, die auch noch 6 – 8 Wochen später sichtbar sind. Planspiele scheinen demnach ein vielversprechender Zugang gerade auch für wenig politikaffine Kinder. Mädchen konnten durch die Planspielteilnahme ihr ursprüngliches Wissensdefizit gegenüber männlichen Mitschülern deutlich verringern. Auch dies spricht dafür, bereits in der Grundschule mit dezidiert politischer Bildung zu starten: Während das Interesse an Politik hier noch nicht geschlechtsspezifisch zu differieren scheint, zeigen sich bereits die auch in der Sekundarstufe (z. B. Oberle 2012; Westle 2006) auftretenden Geschlechterunterschiede im politischen (EU-)Wissen. Das bei Mädchen noch gleichermaßen vorhandene Interesse an Politik sollte im Sachunterricht aufgegriffen werden, um gezielt sozialisationsbedingten Geschlechterdifferenzen in politischen Kompetenzen (Oberle 2013) entgegenzuwirken.

Der gewählte Forschungszugang ist vielversprechend: So sprechen neben den akzeptablen Reliabilitäten der Messinstrumente und ähnlichen Mittelwerten in Interventions- und Kontrollgruppe zu MZP 1 (keinerlei signifikante Unterschiede zwischen den Gruppen) auch die hohe Stabilität der ermittelten Werte in der Kontrollgruppe über die 3 MZP hinweg wie auch die erwartungskonforme Entwicklung der Ausprägung in der Interventionsgruppe dafür, dass der hier eingesetzte Fragebogen kein zufälliges Antwortverhalten abbildet, sondern vorhandene und veränderbare, ohne geeignete Intervention jedoch mittelfristig stabile Dispositionen der Kinder misst. Die verwendeten Messinstrumente sollten allerdings fortentwickelt werden (u. a. Prüfung auf *differential item functioning*; Entwicklung weiterer Items zur Erhöhung von Reliabilitäten der Batterien). Wünschenswert wäre die Untersuchung einer zusätzlichen Kontrollgruppe mit variierter Intervention, z. B. einem ähnlichen inhaltlichen Input ohne Planspiel. Um Aussagen darüber zu treffen, ob politische Bildung in der Grundschule späterer Politik- bzw. „Prozessverdrossenheit" (Schöne 2017) entgegenwirken und EU-bezogene Kompetenzen auch langfristig stärken kann, sind schließlich größer angelegte Langzeitstudien erforderlich.

Die hier vorgestellten Befunde unterstreichen die Potenziale einer dezidiert politischen Bildung und gezielten Behandlung der EU in der Grundschule. Damit dies in der alltäglichen Unterrichtspraxis gelingt, bedarf es allerdings auch einer entsprechenden Sachkundelehreraus- und -fortbildung, die eine Förderung politikwissenschaftlicher und politikdidaktischer Kenntnisse und Fähigkeiten und dabei auch die Auseinandersetzung mit der Europäischen Union beinhaltet.

Literatur

Abendschön, Simone/Tausendpfund, Markus (2017): Political Knowledge of Children and the Role of Sociostructural Factors, in: American Behavorial Scientist, H. 2, S. 204–221.

Arens, A. Katrin/Trautwein, Ulrich/Hasselhorn, Marcus (2011): Erfassung des Selbstkonzepts im mittleren Kindesalter: Validierung einer deutschen Version des SDQ I, in: Zeitschrift für Pädagogische Psychologie, H. 2, S. 131–144.

Berti, Anna E. (2002): Children's Understanding of Society: Psychological Studies and Their Educational Implications, in: Näsman, Elisabeth/Ross, Alistair (Hrsg.): Children's Understanding in the New Europe, Stoke on Trent, S. 89–107.

Büker, Petra (2009): Europäische Bildung im Sachunterricht – Bilanz und Perspektiven, in: Röhner, Charlotte/Henrichwark, Claudia/Hopf, Michael (Hrsg.): Europäisierung der Bildung. Konsequenzen und Herausforderungen für die Grundschulpädagogik, Wiesbaden, S. 179–183.

Detjen, Joachim/Massing, Peter/Richter, Dagmar/Weißeno, Georg (2012): Politikkompetenz – ein Modell, Wiesbaden.

Detterbeck, Klaus (2017): Europa als Fachkonzept und als Thema des Schulunterrichts, in: Oberle, Monika/Weißeno, Georg (Hrsg.): Politikwissenschaft und Politikdidaktik. Theorie und Empirie, Wiesbaden, S. 153–167.

Götzmann, Anke (2015): Entwicklung politischen Wissens in der Grundschule, Wiesbaden.

Hasselhorn, Marcus/Gold, Andreas (2006): Pädagogische Psychologie. Erfolgreiches Lernen und Lehren, Stuttgart.

Kerr, David/Sturman, Linda/Schulz, Wolfram/Burge, Bethan (2010): ICCS 2009 European report: Civic knowledge, attitudes, and engagement among lower-secondary students in 24 European countries, Amsterdam.

Köller, Olaf/Schnabel, Kai/Baumert, Jürgen (2000): Der Einfluss der Leistungsstärke von Schulen auf das fachspezifische Selbstkonzept der Begabung und das Interesse. Zeitschrift für Entwicklungspsychologie und Pädagogische Psychologie, H. 2, S. 70–80.

Massing, Peter (2004): Planspiele und Entscheidungsspiele, in: Frech, Siegfried/Kuhn, Hans-Werner/Massing, Peter (Hrsg.): Methodentraining für den Politikunterricht, Schwalbach/Ts., S. 163–194.

Mayring, Philipp (2010): Qualitative Inhaltsanalyse. Grundlagen und Techniken, 3. Auflage, Weinheim.

Moore, Stanley/Lare, James/Wagner, Kenneth (1985): The child's political world. A longitudinal perspective, New York u. a.

Oberle, Monika (2013): Geschlechtsspezifische Differenzen in politischen Kompetenzen, in: Siegfried Frech/Dagmar Richter (Hrsg.): Politische Kompetenzen fördern, Schwalbach/Ts., S. 164–184.

Oberle, Monika (2012): Politisches Wissen über die Europäische Union. Subjektive und objektive Politikkenntnisse von Jugendlichen, Wiesbaden.

Oberle, Monika/Forstmann Johanna (2015): Förderung EU-bezogener Kompetenzen bei Schüler/innen – zum Einfluss des politischen Fachunterrichts, in: Monika Oberle (Hrsg.): Die Europäische Union erfolgreich vermitteln. Wiesbaden, S. 81–98.

Oberle, Monika/Leunig, Johanna (2018): Wirkungen politischer Planspiele auf Einstellungen, Motivationen und Kenntnisse von Schüler/innen zur Europäischen Union, in: Ziegler, Béatrice/Waldis, Monika (Hrsg.): Politische Bildung in der Demokratie. Wiesbaden, S. 213–237.

Oberle, Monika/Leunig, Johanna (2017): Politische Planspiele und EU-Vermittlung in der Grundschule – ein doppeltes No-Go?, in: Tim Engartner/Balasundaram Krisanthan (Hrsg.): Wie viel ökonomische Bildung braucht die politische Bildung?, Schwalbach/Ts., S. 148–157.

Oberle, Monika/Leunig, Johanna (2016): Planspiele im Politikunterricht – nur etwas für politische interessierte Jugendliche?, in: Thomas Goll/Monika Oberle/Stefan Rappenglück (Hrsg.): Herausforderung Migration: Perspektiven der politischen Bildung, Schwalbach/Ts., S. 125–133.

Petrik, Andreas/Rappenglück, Stefan (Hrsg.) (2017): Handbuch – Planspiele in der politischen Bildung, Bonn.

Richter, Dagmar (2014): Politisches Lernen mit und ohne Concept Maps bei Viertklässlern – eine Interventionsstudie, in: Weißeno, Georg/Schelle, Carla (Hrsg.): Empirische Forschung in gesellschaftswissenschaftlichen Fachdidaktiken, Wiesbaden, S. 37–52.

Richter, Dagmar (2011): Elementarisierung politischer Bildung in der Grundschule, in: Frech, Siegfried/Juchler, Ingo (Hrsg.): Bürger auf Abwegen? Politikdistanz und politische Bildung, Schwalbach/Ts., S. 271–287.

Schauenberg, Eva (2015): Europa im vielperspektivischen Sachunterricht, in: Oberle, Monika (Hrsg.): Die Europäische Union erfolgreich vermitteln, Wiesbaden, S. 121–131.

Schöne, Helmar (2017): Politikwissenschaftliche Mikroanalyse und Politische Bildung, in: Oberle, Monika/Weißeno, Georg (Hrsg.): Politikwissenschaft und Politikdidaktik – Theorie und Empirie, Wiesbaden, S. 87–101.

Schöne, Helmar/Immerfall, Stefan (2015): EU-Bildung in der Schule – Erfahrungen und Desiderate, in: Oberle, Monika (Hrsg.): Die Europäische Union erfolgreich vermitteln, Wiesbaden, S. 67–80.

Schwarz, Susanne-Verena (2014): Evaluation der Göttinger Kinderdemokratie: Was lernen Kinder in dem kommunalpolitischen Planspiel Felddorf über Demokratie?, in: Blöcker, Yvonne/Hölscher, Nina (Hrsg.): Kinder und Demokratie. Zwischen Theorie und Praxis, Schwalbach/Ts., S. 217–230.

Tausendpfund, Markus (2008): Demokratie Leben Lernen – Erste Ergebnisse der dritten Welle, Mannheim.

van Deth, Jan W./Abendschön, Simone/Rathke, Julia/Vollmar, Meike (2007): Kinder und Politik. Politische Einstellungen von jungen Kindern im ersten Grundschuljahr, Wiesbaden.

Weißeno, Georg/Götzmann, Anke/Weißeno, Simon (2016): Politisches Wissen und fachspezifisches Selbstkonzept von Grundschüler/-innen, in: transfer Forschung <> Schule, Band 2, S. 162–172.

Westle, Bettina (2006): Politisches Interesse, subjektive politische Kompetenz und politisches Wissen – Eine Fallstudie mit Jugendlichen im Nürnberger Raum, in: Roller, Edeltraudt/Brettschneider, Frank/van Deth, Jan W. (Hrsg.): Jugend und Politik: „Voll Normal!", Wiesbaden, S. 209–240.

Ein Zwischenruf

STEFAN IMMERFALL

EU-Bildung zwischen Affirmation und Skepsis – wie kritisch soll der EU-Unterricht sein?

Ziel der Union ist es, „den Frieden, ihre Werte und das Wohlergehen ihrer Völker zu fördern. (…) Sie wirkt auf die nachhaltige Entwicklung Europas auf der Grundlage eines ausgewogenen Wirtschaftswachstums und von Preisstabilität, eine in hohem Maße wettbewerbsfähige soziale Marktwirtschaft, die auf Vollbeschäftigung und sozialen Fortschritt abzielt, sowie ein hohes Maß an Umweltschutz und Verbesserung der Umweltqualität hin. (…) Sie leistet einen Beitrag zu Frieden, Sicherheit, globaler nachhaltiger Entwicklung, Solidarität und gegenseitiger Achtung unter den Völkern." Dies sind nur einige der in Artikel 3 des EU-Vertrags genannten Ziele der Europäischen Union, die sie im Rahmen der „in den Verträgen übertragenen Zuständigkeiten" (Art 4, EUV) bzw. falls nach Art. 352 AEUV „erforderlich" zu verfolgen hat.

Wer wollte Kritik an der Verbreitung solch hehrer Gedanken anbringen? Kann es statthaft sein, die EU zu kritisieren, wo sie doch „soziale Ausgrenzung und Diskriminierungen [bekämpft] und soziale Gerechtigkeit und sozialen Schutz, die Gleichstellung von Frauen und Männern, die Solidarität zwischen den Generationen und den Schutz der Rechte des Kindes [fördert]"? (ebd.) Ein Schelm, der eine Immunisierungsstrategie vermutet, mit der sich jede Kritik an der EU als böswillig abtun lässt. Es lässt sich aber darauf hinweisen, dass umfangreiche Zielkataloge über die Qualität von Verfassungen wenig aussagen. Es sei nur an die Weimarer Reichverfassung oder die DDR-Verfassung erinnert. Nicht zuletzt besteht die Gefahr, dass ein derartig allumfassender Zielkatalog der Überdehnung der Zuständigkeiten und Maßnahmen der EU Vorschub leisten könnte. Sollte es aber der EU in den Augen der Bevölkerung immer weniger gelingen, ihre Nützlichkeit unter Beweis zu stellen, könnten gerade aufgeblähte Zielformulierungen den Vertrauensverlust beschleunigen.

Es stellt sich daher die Frage, wie die Schulen mit derartigen Fragen umgehen sollen? Zwar ist das Bekenntnis zum geeinigten Europa unstritig und im

Grundgesetz (Art. 23) und vielen Landesverfassungen[1] verankert. Die Schule soll dazu beitragen, dass ein europäisches Bewusstsein entsteht und bewusst machen, dass in vielen Bereichen unseres Lebens europäische Bezüge wirksam sind und europäische Entscheidungen verlangt werden, so die einschlägige Empfehlung der Kultusministerkonferenz.[2] Doch wie sehr schließt der Wille zum Zusammenwachsen Europas das Bekenntnis zur Europäischen Union ein? Sollen Schulen mit dem Bekenntnis zum geeinigten Europa zugleich die Zustimmung zur Europäischen Union fördern, obgleich weder Europa mit der Europäischen Union, noch das Zusammenwachsen Europas mit der europäischen Integration im Rahmen der Europäischen Union deckungsgleich sind?

Auf diese Fragen wird mein Beitrag[3] mit vier Thesen, die ich zur Diskussion stellen möchte, ein Schlaglicht werfen: 1. Es ist zu viel, 2. Es verstößt gegen das Prinzip der Kontroversität, 3. Es ist contra-intentional, 4. Es wird der eigentlichen Errungenschaft der europäischen Integration nicht gerecht. Das „Es" meint ganz allgemein Unterrichtsmaterialien zur und über die Europäische(n) Union und insbesondere Materialien für Grundschulkinder.

These 1: Es ist zu viel!

Nach meinem Eindruck stehen zu keinem anderen Thema den Schulen so viel – und so viel kostenloses (und vermutlich auch so viel ungenutztes) – Informationsmaterial zur Verfügung wie zur Europäischen Union. Nicht einmal die Wirtschaft kann hier mithalten, wenngleich speziell die Finanzwirtschaft die jungen Kunden von den Vorzügen ihres Gewerbes mit viel Hochglanz überzeugen möchte.

Aber ist es wirklich so viel? Als Empiriker habe ich natürlich versucht, meinem Eindruck numerisch nachzugehen und mit Zahlen zu unterlegen. Wieviel Geld gibt die Europäische Union für Öffentlichkeitsarbeit – und insbesondere für den schulischen Unterricht – aus? Leider scheint es eine solche Aufschlüsselung – zumindest in einer transparenten Form - nicht zu geben. Auch die Vertretung der Kommission in Berlin konnte mir hier nicht weiterhelfen. Daher nur dieses:

---

1 So in Bayern (Artikel 3a), Baden-Württemberg (Präambel) oder in Sachsen (Art. 12).
2 Europabildung in der Schule (Beschluss der Kultusministerkonferenz vom 08.06.1978 i. d. F. vom 05.05.2008), S. 5 [http://www.kmk.org/fileadmin/veroeffentlichungen_beschluesse/1978/1978_06_08_Europabildung.pdf, Zugriff am 10.10.2015].
3 Auf der Tagung „Europabildung in der Grundschule", während der dieser Beitrag erstmalig präsentiert wurde, war er als „Zwischenruf" angekündigt. Um diesen Charakter zu erhalten, wurde der Duktus des mündlichen Vortrags im Wesentlichen bewusst beibehalten.

Im Gesamthaushaltsplan der EU finden sich Einzelpläne für die jeweiligen EU-Institutionen, aus denen auch Ausgaben für Kommunikations- und Öffentlichkeitsmaßnahmen hervorgehen. Beispielsweise sind für die Europäische Kommission die veranschlagten Mittel im Bereich Kommunikation unter Titel 16 des Einzelplans aufgelistet und betragen in den letzten Jahren jeweils um die 200 Millionen Euro.[4] Vom EU-Haushalt in Höhe von etwa 143 Milliarden Euro gehen ungefähr 3,3 Milliarden an die Kommission. Die 200 Millionen Öffentlichkeitsarbeit sind hiervon also gut 6 Prozent.

Es ist schwer zu sagen, ob das viel oder wenig ist. Die EU ist schnell bei der Hand hervorzuheben, wie kostengünstig sie sei. Beispielsweise, dass für ihren Beitrag zum EU-Haushalt durchschnittliche EU-Bürgerinnen und Bürger lediglich vier Tage im Jahr arbeiten müssten. Mit einem geeigneten Nenner kann man natürlich alles kleinrechnen. Aus mehreren Gründen ist vor allem der beliebte Verweis auf die Kleinheit der EU-Bürokratie – gut 40 Tausend Beamte – irreführend (vgl. Haller 2009, S. 233 f.). Der wichtigste ist, dass die EU im Kern eine Regulierungsbürokratie ist, während die eigentliche Implementierung von den nationalen Verwaltungen erfolgt. Der Umfang des so indirekt beschäftigen EU-Apparats ist schwer abzuschätzen, dürfte aber mindestens den gleichen Umfang haben wie die offizielle Eurokratie (ebd., S. 238–241).

Mehr Transparenz über die Werbung in eigener Sache wäre jedenfalls angebracht. Die Bundesregierung veröffentlicht regelmäßig eine Übersicht über die durchgeführten Maßnahmen ihrer Öffentlichkeitsarbeit.[5] Die Übersicht fasst die Angaben aller Ministerien und des Bundespresseamtes zusammen. Offenbar hat auch hier der Eifer nachgelassen. Die letzte Übersicht, die ich finden konnte, waren Zahlen für das Jahr 2013.[6] Demnach betrugen die Ausgaben für die Öffentlichkeitsarbeit der Ressorts 47.8 Mio. Euro, bei einem Bundeshaushalt von ungefähr 302 Mrd. also ein Anteil weit unter dem Promillebereich.[7]

---

4 Entwurf des Gesamthaushaltsplan 2016, Titel 16 - Kommunikation, III/775.
5 Auf Anregung des Bundesverfassungsgerichts (Urteil zur Öffentlichkeitsarbeit von Staatsorganen in Bund und Ländern).
6 http://www.bundesregierung.de/Content/DE/PeriodischerBericht/Berichte-der-Bundesregierung/2013/2014–10–20-ausgaben-oeffentlichkeitsarbeit-2013-gesamt.pdf?__blob=publicationFile&v=4 [Zugriff am 10.10. 2015].
7 Unklar ist, wie Broschüren verbucht werden, die vom Presse- und Informationsamt der Bundesregierung im Auftrag der Europäischen Kommission herausgegeben werden, so das Spiel- und Bastelbuch „Sophie und Paul entdecken Europa" für 6 bis 10-Jährige. Es erzählt von den Erlebnissen zweier Brieffreunde, die in der Europäischen Union unterwegs sind und z. B. lernen, dass die Europäische Union viel für den Klima- und Umweltschutz tut.

These 2: Es verstößt gegen das Prinzip der Kontroversität.
Selbst ein „Nicht-Didaktiker" wie ich hat vom Beutelsbacher Konsens aus dem Jahr 1976 gehört. Eines der in ihm formulierten zentralen handlungsleitenden Prinzipien der Politischen Bildung ist das der Kontroversität (Henkenborg 2009; Grammes 2014). Wie Rappenglück (2014, S.397) hervorhebt, soll die Schule zwar zur Entwicklung eines Europäischen Bewusstseins beitragen. Dies könne aber nicht eine kritiklose Akzeptanz der aktuellen europäischen Entwicklungen, oder gar eine „Werbung für die EU" bedeuten. Ohne dies mit einer angemessenen Stichprobe belegen zu können, würde ich doch sagen, dass EU-Materialien überwiegend das Prinzip der Kontroversität verletzen. Nicht nur die europäische Integration, sondern die zunehmende europäische Integration wird sowohl als normativ wünschenswert, als auch als Lösung für Probleme aller Art dargestellt.

Nun ist diese Einseitigkeit zunächst nicht weiter verwunderlich. Schließlich entstehen Materialien häufig im Auftrag der Kommission (vgl. Büttner et al. 2016, S.45–55). Gemäß ihrer Kommunikationsstrategie stellt sich die europäische Vergemeinschaftung als ein weitgehend unpolitisches, rationales Fortschrittsprojekt dar (Heschl 2013). Aber auch in Unterrichtsmaterialien der politischen Landeszentralen herrscht ein ähnlicher Ton. Pars pro toto sei der kürzlich veröffentlichte Baustein „Lernfeld Europa" der Landeszentrale Baden-Württembergs[8] genannt, der ausdrücklich nur die Vorteile der europäischen Einigung beleuchten will. Typisch ist der lapidare Verweis auf die Vergangenheit als Begründung für den Weg zum Vereinten Europa. So heißt es in einem Schulbuch für die 6. Klasse Realschule[9]: „Europa litt in der Vergangenheit unter verheerenden Kriegen. Allein der 2. Weltkrieg forderte über 50 Mio. Tote. Nach dessen Beendigung setzten Bestrebungen zur friedlichen Zusammenarbeit ein. Dies führte zu Staatenbündnissen mit militärischen, wirtschaftlichen und politischen Zielen."[10]

Dabei ist weder die Behauptung selbsterklärend, den Frieden in Europa habe (hauptsächlich) die Europäische Integration gesichert, noch ist das Projekt der Vereinigten Staaten von Europa per se ein Friedensprojekt (Haller 2009,

---

8 Lernfeld Europa – Handlungsorientierte Module für den Unterricht. Bausteine 2015.
9 Terra, EWG 2, Klett Verlag Stuttgart, 2004, S.148.
10 Ein verbreitetes Spiel- und Bastelbuch der Europäischen Kommission für 9 bis 13-Jährige, ist da schon kritischer: „Wie kann man in Zukunft vermeiden, dass Deutschland noch einmal einen Krieg anfängt und sich die europäischen Nachbarn so grausam bekämpfen?" Europa kinderleicht. Eine Publikation der Vertretung der Europäischen Kommission in Deutschland, 7. korr. Aufl., Berlin 2014 [http://bookshop.europa.eu/de/europa-kinderleicht-pbNA0214935/, Zugriff am 10.10. 2015].

S. 392 f.; Hank 2013). Kurzum, es gälte auch die „Passivseite" (Graf Kielmansegg 2015, S. 21–29) des Integrationsprozesses zu beachten. Zu erörtern wäre, ob „Mehr Europa" nicht auch Probleme verursacht? Könnte es nicht auch gute Gründe für weniger Europa geben? Oder zumindest für eine klare Funktionstrennung? Hat nicht das Bundesverfassungsgericht angemerkt, dass der fortschreitende Integrationsprozess sozusagen kurz davor steht, nicht mehr mit dem Grundgesetz vereinbar zu sein – wenngleich es stets davor zurückgeschreckt ist, solche Grenzen zu ziehen?

These 3: Es ist contra-intentional.
Die Schülerinnen und Schüler bekommen natürlich mit, was z. B. ihre Eltern über die EU denken. Und hier ist zu konstatieren, dass der permissive Konsens vorüber ist. Im Bundestagswahlkampf 2013 ist es den politischen Eliten noch einmal gelungen, das Integrationsziel aus dem Wahlkampf herauszuhalten bzw. als „alternativlos" (Angela Merkel) darzustellen. Die Risiken der Euro-Krise und die Kosten der Währungsunion wurden im Wahlkampf kaum thematisiert. Dies ist insbesondere der Kanzlerin zugutegekommen, denn der Opposition fiel es schwer, dagegen zu halten, weil sie ja den meisten Maßnahmen zugestimmt hatte.

Dies wird für 2017 nicht mehr möglich sein. Ein Grund ist, wie mir scheint, dass die Kluft zwischen Hochglanzbroschüren und der „Idealisierung des Zieles Europa in der Öffentlichkeit" (Joas 2012) einerseits und der schnöden EU-Realität andererseits zu groß geworden ist. Hoffentlich rächt sich nicht, dass Schülerinnen und Schüler und Lehrerinnen und Lehrer, so sie sich bloß an das ihnen zur Verfügung stehende Material halten, mit der Passivseite der EU-Integration nicht vertraut sind.

Neben einer gewissen Schönfärberei sind viele Materialien noch aus einem weiteren Grund contra-intentional: Ihnen gelingt es nur selten, übergreifende Bezüge deutlich zu machen; ihre europäischen Bezüge erschöpfen sich häufig in einer, wenn auch positiv gewendeten, Ansammlung von Nationalstaaten. So wird auf einer „Teachers Corner" genannten Website[11] von – ungenannten – Bildungsexperten aus ganz Europa empfohlenes Unterrichtsmaterial für unterschiedliche Altersgruppen bereitgehalten. So auch für die Grundschule. Diese, als Unterrichtshilfe für Lehrer gedachten Beispiele suchen den Kindern zu erklären, wie der Euro funktioniert oder ihnen das kulturelle, wissenschaftliche und Naturerbe der EU-Länder verständlich zu machen.

---

11 http://europa.eu/teachers-corner/index_de.htm [Zugriff am 27.10.2017].

So stellt die Broschüre „In Vielfalt geeint" die Europäische Union als Wimmelbild dar, auf dem es die jeweiligen Symbole der Mitgliedsländer zu entdecken gilt.[12] Für Bulgarien kann man beispielsweise, neben dem thrakischen Goldschatz, Wassil Lewski, den „löwenhaften" Kämpfer für die nationale Unabhängigkeit finden. Für Deutschland gibt es zwar die preußische Pickelhaube und den deutschen Schäferhund, aber eben keine SS-Runen und keinen zweiten Weltkrieg, wie sie in allen britischen Schulbüchern vorkommen. Es werden also Nationalstaaten in all ihren Stereotypen präsentiert: der Unterschied zur traditionalen Heimatkunde ist nur, dass alle historisch anstößigen Ereignisse ausgeklammert werden.[13]

Wie sieht es in den Grundschulbüchern aus? Eine auf Baden-Württemberg[14] beschränkte Durchsicht ergab erstaunlich wenige Verweise auf die Europäische Union (so auch Richter 2015). Besonders überrascht, dass sich im Sachkundeunterricht („Mensch, Natur und Kultur") gar nichts zur Europäischen Union findet.[15] In den Deutsch- und Englisch-Lehrbüchern gibt es natürlich die üblichen Karten[16]; doch das „Eu" wird mit den „Eulen" und nicht etwa mit „Europa" angebahnt.[17] In der zweiten Klasse wünschen sich die Kinder ein frohes Weihnachfest in verschiedenen Sprachen und in einem Heft wird sogar Weihnachten in Polen gefeiert.[18] In englischen Bilderbüchern geht es hingegen meist um Thanksgiving und Halloween.[19] Unmittelbares über die EU findet

---

12 https://publications.europa.eu/de/publication-detail/-/publication/a55e7885-f28e-43f4-922b-f4f95cdd3ff0 [Zugriff am 27.10. 2017].

13 Weniger Humor beweisen die Europäer hingegen, wird mit „echten" Klischees gespielt: Die tschechische EU-Ratspräsidentschaft musste 2009 Teile einer Installation des Bildhauers David Černý für das Gebäude des Brüsseler Ministerrates nach Protesten entfernen. Die Regierung hatte mit ihm vereinbart, dass 27 europäische Künstler an der Skulptur „Entropa" (Untertitel „Stereotypen sind Barrieren") beteiligt sein sollten. Daraufhin hatte Černý, in guter Schwejkscher Manier, 26 Biografien fiktiver Künstler erfunden. Bulgarien wurde als Hockklo symbolisiert, Slowakei als eingeschnürte Salami, Deutschland durch ein Hakenkreuz-ähnliches Labyrinth aus Autobahnen [http://www.art-magazin.de/kunst/13210-rtkl-entropa-david-cerny-die-humorprobe; Zugriff am 06.11.2016].

14 Allgemein bildende Schulen - Grundschule. Liste der zugelassenen Schulbücher. Zulassungen auf der Basis des Bildungsplans 2016. Stand 27. September 2016. Landesinstitut für Schulentwicklung, Stuttgart 2016 [http://www.ls-bw.de/,Lde/Startseite/Service/sbz3] [Zugriff am 06.11. 2016]

15 Ausgaben Auer, Jo-Jo, Kunterbunt, jeweils Sachunterricht 1–4.

16 Do you know Europe? Find the countries on the map. Colour Land – 4, Activity Book.

17 ABC der Tiere. Die Silbenfibel 1, S. 68.

18 ABC der Tiere. Die Silbenfibel 2, S. 68.

19 Colour Land – 3, Activity Book; Primo 4, S. 40.

sich nur in einem Lesebuch für die 4. Klasse.[20] Nach einer allzu kindgerechten Version der Europa-Saga wird unter der Überschrift „Gemeinsam für den Frieden" eine Karte der EU abgedruckt. Dass der Satz, „im Jahr 2004 beschlossen die Mitglieder sogar, eine gemeinsame Verfassung einzuführen", nicht stimmt, wird man dem 2004 gedruckten Lehrwerk nicht ankreiden können. Es folgt „Der Euro", „Die Symbole der Europäischen Union" (Europäische Flagge, Europahymne und Europatag) und ein Sachtext zu „Menschen in der Europäischen Union". Darin heißt es: „Die Hälfte aller Menschen in Europa wächst bereits zweisprachig auf." Diese Zahl ist nicht nachvollziehbar. Sie mag für komplexe, multikulturelle und mehrsprachige Länder in Afrika und Indien zutreffen, kaum aber für den europäischen Kontinent, dem der Nationalstaat einen hohen Grad an kultureller Kohärenz aufgedrückt hat. Nach einem einschlägigen Eurobarometer[21] nutzen 16% der europäischen Bürger bei Unterhaltungen mit Familienangehörigen auch eine weitere als die Mehrheitssprache. Auch wenn man annimmt, dass dieser Anteil bei jüngeren und bei Nicht-EU-Bürgern höher ist, wird man nicht auf die im Lesebuch genannte Zahl kommen.

Der Sachtext endet voll Pathos: „Die kulturelle Vielfalt ist einer der größten Schätze der Europäischen Union. Toleranz, Verständnis und gegenseitige Achtung sind Werte, die für das Zusammenleben in der Gemeinschaft von großer Bedeutung sind."

These 4: Es wird der eigentlichen Errungenschaft der europäischen Integration nicht gerecht.

Was ist eigentlich die Besonderheit des europäischen Integrationsprozesses? Graf Kielmansegg hat seine Eigentümlichkeit eindrucksvoll zusammengefasst:

> „Der weltgeschichtliche Rang des europäischen Integrationsprojektes liegt vor allem darin begründet, dass es die Qualität der Beziehungen der europäischen Staaten zueinander grundlegend verwandelt hat. Die europäische Staatenwelt hat mit dem Integrationsprojekt und in dem Integrationsprojekt einen neuen Modus des Zusammenlebens von Staaten entwickelt: Dauerhaft im Rahmen einer überstaatlichen Rechtsordnung institutionalisierte Kooperation. (...) Kern dieser Kooperationsordnung ist eine supranationale Rechtssetzungsautorität mit zwar begrenzten, auf

---

20 Pusteblume. Das Sprachbuch 4, S. 130–134.
21 „Die europäischen Bürger und ihre Sprachen", Spezial Eurobarometer 386, 2012 [http://ec.europa.eu/public_opinion/archives/ebs/ebs_386_de.pdf, Zugriff am 10.10. 2015].

bestimmten Feldern weitreichenden Zuständigkeiten, der sich die Mitgliedsstaaten der Union freiwillig unterworfen haben. Dieser durchaus substantielle Souveränitätsverzicht verbunden mit einem zwingend institutionalisierten Kooperationsmodus ist weltweit einzigartig" (Graf Kielmansegg 2015, S. 16f.).

Diesem einzigartigen Modus rechtlich geordneten Zusammenwirkens einer regionalen Gemeinschaft von Staaten untereinander und mit den von ihnen geschaffenen supranationalen Institutionen werden viele der hier geprüften Materialien nicht gerecht. Stattdessen denken sie vom Nationalstaat her und auf einen Bundesstaat hin. Das ist durchaus verständlich, ist doch die Staatlichkeit das uns bekannte Muster. Das gilt ganz besonders für Deutschland. Denn für Deutschland erwies sich der Zusammenschluss des westlichen Europas als eine der Brücken, die dem Land nach der Barbarei der Hitlerjahre die Rückkehr in die zivilisierte Staatengemeinschaft ermöglichten. So ist es denn auch alles andere als verwunderlich, dass das Projekt der europäischen Integration in Deutschland so etwas wie einen sakralen Rang erhielt (Joas 2012). „Für Europa zu sein, was immer das im Lauf der Jahrzehnte im Einzelnen heißen mochte, erschien als ein Gebot der Vernunft wie der Moral, über welches es unter Menschen guten Willens keine Meinungsverschiedenheiten geben konnte" (Graf Kielmansegg 2015, S. 8).

Diese Haltung wird vom Grundgesetz gestützt, das weder vom Nationalstaat noch von Souveränität spricht. Das deutsche Volk sei, wie es in der Präambel des Grundgesetzes heißt, „von dem Willen beseelt, als gleichberechtigtes Glied in einem vereinten Europa dem Frieden der Welt zu dienen". Und der alte Artikel 23, der Beitrittsartikel mit seinem Wiedervereinigungsauftrag, wurde 1992 durch einen eigenen Europa-Artikel ersetzt, der ausdrücklich die Möglichkeit der Übertragung von Hoheitsrechten betont. Mit dieser Haltung war[22], bzw. ist Deutschland aber in Europa ein Solitär, nicht nur verfassungsrechtlich, sondern auch mit Blick auf den gebremsten Europa-Enthusiasmus anderer Länder. Doch die Staatswerdung ist auf absehbarer Zeit nicht die Perspektive für die Union. Mit einer solchen Perspektive verstellte man sich nur die Würdigung des tatsächlich Erreichten.

---

[22] Was die öffentliche Zustimmung zur Europäischen Union betrifft, ist die Vergangenheitsform angebracht, weil hier von Europa-Enthusiasmus schon lange nicht mehr die Rede sein kann (Immerfall et al. 2010).

Schluss

Angesichts der Gegenwart der Europäischen Union wirken viele Texte zur EU-Bildung seltsam aus der Zeit gefallen. Liegt es an der deutschen Überhöhung des Projekts der europäischen Integration? Oder an der allzu unkritischen Umsetzung des Beschlusses der Kultusministerkonferenz zur "Europabildung in der Schule" durch die Schulbuchverlage (Slopinski/Selck 2014, S. 124)? Die kommenden Auflagen werden es zeigen.

Eine Entsakralisierung des Projekts der europäischen Integration würde (nicht nur) der politischen Bildung gut tun. Sie setzt sie in die Lage, der großflächigen Kritik an der EU zu begegnen, wie sie derzeit von neopopulistischen Strömungen erfolgreich verbreitet wird. Interessanterweise – dies hat das Brexit-Referendum unterstrichen – genügt der Verweis auf die wohlstandssteigernde Wirkung des Binnenmarkts immer weniger. Überzeugender wäre es, den spezifischen Mehrwert einer europäischen Zuständigkeit für die Menschen in der EU zu veranschaulichen. Beispielsweise wird älteren Schülerinnen und Schülern einleuchten, dass sich die amerikanischen Internet- und Softwaregiganten kaum von der Regulierungsbehörde eines europäischen Klein- oder Mittelstaates beeindrucken lassen, sehr wohl aber von der EU als Ganzes.

Literatur

Büttner, Sebastian M./Leopold, Lucia M./Mau, Steffen (2016): Zwischen „der Eurokratie" und „den Leuten": Zum Problem der professionellen Vermittlung von Europapolitik, Berliner Journal für Soziologie, H. 1, S. 35–60.

Grammes, Tilman (2014): Kontroversität, in: Sander, Wolfgang (Hrsg.): Handbuch politische Bildung. 4. Auflage, Schwalbach/Ts., S. 226–274.

Haller, Max (2009): Die Europäische Integration als Elitenprozess. Das Ende eines Traums?, Wiesbaden.

Hank, Rainer (2013): Wir Europäer. Nach der verlorenen Unschuld, in: Merkur, S. 872–885.

Henkenborg, Peter (2009): Prinzip Kontroversität – Streitkultur und politische Bildung, in: Kursiv. Journal für politische Bildung, H. 3, S. 26–37.

Heschl, Franz (2013): Die politische Rhetorik der Europäischen Kommission, Wiesbaden.

Immerfall, Stefan/Boehnke, Klaus/Baier, Dirk (2010): Identity, in: Immerfall, Stefan/Therborn, Göran (Hrsg.): Handbook of European Societies. Social Transformations in the 21st Century, New York, S. 325–353.

Joas, Hans (2012): „Mich schaudert das Tremolo in den Europa-Reden", FAZ vom 06.10.2012.

Rappenglück, Stefan (2014): Europabezogenes Lernen, in: Sander, Wolfgang (Hrsg.): Handbuch politische Bildung. 4. Auflage, Schwalbach/Ts., S. 392–400.

Kielmansegg, Peter Graf (2015): Wohin des Wegs, Europa? Beiträge zu einer überfälligen Debatte, Baden-Baden.

Richter, Dagmar (2015): Politische EU-Bildung in der Grundschule?, in: Oberle, Monika (Hrsg): Europäische Union erfolgreich vermitteln. Perspektiven der politischen EU-Bildung heute, Wiesbaden, S. 111–120.

Slopinski, Andreas/Selck, Torsten J. (2014): Wie lassen sich Wertaussagen in Schulbüchern aufspüren? Ein politikwissenschaftlicher Vorschlag zur quantitativen Schulbuchanalyse am Beispiel des Themenkomplexes der europäischen Integration, in: Journal of Educational Media, Memory, and Society, H. 1, S. 124–141.

Verhaegen, Soetkin/Hooghe, Marc (2015): Does more knowledge about the European Union lead to a stronger European identity? A comparative analysis among adolescents in 21 European member states, in: Innovation: The European Journal of Social Science Research, H. 2, S. 127–146.

III. Unterrichtspraxis

JULIA KRISTIN DÖRNER

Wie Europabildung in der Grundschule gelingt. Empirische und praktische Erkenntnisse

1. Europa zerfällt: Europabildung, Politische Bildung und Demokratieerziehung sind in der Grundschule dringender denn je

In vielen europäischen Ländern ist in den letzten Jahren eine Abkehr von Europa und eine Rückkehr zu nationalen Egoismen zu beobachten. Gemeinsame Krisenbewältigung fällt immer schwerer – wie die aktuelle Herausforderung der Aufnahme von Flüchtlingen zeigt. Für die Zukunft setzen viele europäische Bürger und Regierungen eher auf nationalstaatliche Alleingänge als auf gemeinsame europäische Entscheidungen (vgl. Grau 2016, vgl. Lucke 2015, vgl. Papier 2016). Damit Europa, die europäische Idee und die europäischen Errungenschaften wieder bekannter, näher und erfahrbarer werden, ist das Wissen und die Befassung mit Europa – schon in der Grundschule – wichtiger denn je, denn überzeugte Europäer fallen nicht vom Himmel! (in Anlehnung an Eschenburg 1986 und Greven 1995). Der Beitrag zeigt, wie Kinder bereits in der Primarstufe mit Demokratie und politischem Grundwissen vertraut gemacht werden können, da diese Voraussetzung für eine gelingende Europabildung sind. Dringend nötig ist eine stärkere politische Bildung in der Grundschule, gerade mit Blick auf Fragen der Demokratie, um Themen der europäischen Einigung besser in den Unterricht einbinden zu können. Im Folgenden wird zunächst der aktuelle Forschungsstand zum politischen Lernen von Kindern dargestellt und ein Blick auf die Politische Bildung, die in der Grundschule stattfindet, geworfen. Dann werden Schritte hin zu einer verbesserten Europabildung in der Grundschule aufgezeigt. Beide Kapitel stützen sich auch auf eine empirische Erhebung unter Grundschulkindern und auf die Durchführung beispielhafter Unterrichtsprojekte. Ein Praxisbeispiel für einen gelingenden Unterricht mit Europabezügen wird im letzten Teil des Beitrages vorgestellt.

2. Politische Sozialisation von Kindern und Politische Bildung in der Grundschule

„Seit Platon geht man davon aus, dass die Lebensfähigkeit eines politischen Systems maßgeblich von den Einstellungen der Menschen abhängig ist" (van Deth 2005, S. 3). Aus diesem Grund kann das „Wissen darüber, wie aus Kindern demokratische Staatsbürgerinnen und -bürger werden, (…) nicht hoch genug eingeschätzt werden" (Belwe 2005, S. 2). Bis heute genießt die politische Sozialisationsforschung hierzulande jedoch keinen hohen Stellenwert (vgl. van Deth 2007, S. 7). Noch immer liegen kaum empirische Ergebnisse zum politischen Wissen und Politikverständnis von Kindern in Deutschland vor (vgl. Richter 2007, S. 165). Dank der Studien von Almond/Verba (1963) und Easton/Dennis (1969) sowie zuletzt durch die Längsschnittuntersuchung des Mannheimer Zentrums für Europäische Sozialforschung (vgl. van Deth 2007) wissen wir, dass Kinder bereits frühzeitig politische Orientierungen entwickeln.[1] Wichtige Einflussfaktoren auf das politische Wissen, die politischen Orientierungen und das Politikverständnis sind die Herkunft, das Geschlecht, die Mediennutzung (Lesehäufigkeit) sowie die politische Kommunikation im sozialen Umfeld (vgl. Tausendpfund 2008, S. 43 f).

Politisches Wissen wird in der Mannheimer Studie als „Basis für ein komplexeres Politikverständnis" verstanden. Dieses wird benötigt, „um über Politik rational urteilen zu können" und politische Entscheidungen und Prozesse nachvollziehen zu können (Vollmar 2007, S. 122). Auch gilt politisches Wissen als eine „Determinante für politische Partizipation", denn „je weniger informiert der Einzelne ist, desto weniger wahrscheinlich partizipiert er am politischen Prozess" (ebd., S. 120). Dies macht politisches Wissen nicht nur zu einer privaten, sondern auch zu einer öffentlichen Ressource (vgl. Delli/Carpini/Keeter 1996, S. 8 f). Zudem ist politisches Wissen bedeutsam bei der Entwicklung von Einstellungen, denn "every opinion is a marriage of information and predisposition" (Zaller 1992, S. 6). Politische Einstellungen sind nicht angeboren und müssen somit erlernt werden. Denn „niemand (wird) als (…) gesellschaftsfähiges Wesen geboren (…). Demokrat, Faschist oder Terrorist wird man nicht von heute auf morgen" (Wasmund 1982a, S. 26).

Eine Studie unter 121 Viertklässlern und ihren Lehrkräften aus dem Jahr 2011 (Dörner 2012) hat einerseits viele Erkenntnisse der Mannheimer Studie bestätigt, andererseits aber auch interessante Unterschiede zu Tage gefördert:

---

[1] Vgl. auch die Beiträge von Abendschön/Tausendpfund sowie Fuchs et al. in diesem Band.

Bereits in frühen Jahren entwickeln sich politische Einstellungen. Grundschulkinder verfügen über politisches Wissen. Dass Primarschulkinder zu politischen Themen Stellung nehmen und ihre Meinung begründen können, was auch schon in Untersuchungen von Moll (2011) und Meckel (2008) gezeigt wurde, konnte im vorliegenden Fall anhand einer Gruppendiskussion zum Thema „Integration" belegt werden. Die Politikkenntnisse, das Politikverständnis und das Politikinteresse von Grundschulkindern sind deutlich größer als von vielen Lehrkräften angenommen wird (Dörner 2012).

Zudem hat sich gezeigt, dass guter Unterricht sozialisationsbedingte Unterschiede durchaus ausgleichen kann. Dies steht im Gegensatz zu den Ergebnissen der Mannheimer Studie, nach denen der Schulbesuch die anfänglichen Unterschiede nicht kompensieren kann (vgl. van Deth 2007, S. 96 f). Die Unterrichtseffekte sind in der Klasse mit einem sehr hohen Anteil von Kindern mit Migrationshintergrund deutlich geworden. Wie lässt sich dieser Befund erklären? Zunächst hat die Schülergruppe, die in der Befragung durch ein hervorragendes Abschneiden auffiel, in den Wochen vor der Erhebung an dem Projekt „Zeitung in der Grundschule" teilgenommen. Gemeinsam wurde in der Klasse regelmäßig Zeitung gelesen. Dabei wurden die Kinder auch mit politischen Inhalten konfrontiert. Des Weiteren gab die Lehrkraft der Klasse mit hohem politischen Wissen im Lehrerfragebogen an, von Zeit zu Zeit im Unterricht über politische Themen, z.B. Wahlen oder Bildungspolitik, zu sprechen. Die Kombination beider Maßnahmen, Projektbeteiligung einerseits und regelmäßige Thematisierung andererseits, hatte offensichtlich positive Effekte auf den Wissensumfang und -zuwachs der Kinder.

Die Möglichkeit, politische Inhalte auch tiefergehender zu behandeln, besteht also bereits in der Grundschule. Das setzt allerdings sowohl die Bereitschaft als auch die Qualifikation der Lehrkräfte voraus. Die in der Studie befragten Lehrerinnen und Lehrer gaben an, dass ihr Studium sie nicht ausreichend darauf vorbereitet hätte, politische Inhalte im Sachunterricht zu vermitteln (Dörner 2012, S. 68). So scheitert die Politische Bildung an fehlenden fachwissenschaftlichen- und fachdidaktischen Kenntnissen, die zu Unsicherheiten und Ängsten im Umgang mit politischen Themen führen. Außerdem meinen viele (Grundschul-)Lehrer, Politik sei für Kinder viel zu komplex, langweilig und unverständlich und ein politisches Interesse sei so früh auch nicht vorhanden, obgleich z.B. die Logo-Kindernachrichten seit 28 Jahren das Gegenteil beweisen. Die Kenntnis über Vorkenntnisse und Präkonzepte der Schülerinnen und Schüler und ihre Berücksichtigung im Unterricht ist eine wichtige Voraussetzung für nachhaltige Lernerfolge (vgl. Reinfried 2010, S. 6).

Reeken (2007, S.6) hat die Situation der Politischen Bildung in der Grundschule wie folgt zusammengefasst: „Vor etwa dreißig Jahren wäre es zumindest konzeptionell auch ziemlich unstrittig gewesen, dass politisches Lernen eine wichtige Aufgabe des Sachunterrichts darstellt. Heute dagegen ist die Annahme wohl nicht von der Hand zu weisen, dass politisches Lernen in der Unterrichtsrealität Seltenheitswert besitzen dürfte". Dazu tragen auch zu wenige bzw. zu allgemeine Vorgaben in vielen Lehr- und Bildungsplänen bei, fehlende Fortbildungsangebote und nur wenige Praxisvorschläge in Grundschulzeitschriften. Auch in Schulbüchern und sonstigen Lehr- und Lernmaterialien für die Grundschule wird politisches Lernen kaum aufgegriffen (vgl. ebd.).

3. Schritte zur Förderung politisch-demokratischen Lernens in der Grundschule

Wie beschrieben, bringen Kinder alle Voraussetzungen für politisches Lernen mit, ein entsprechender Unterricht in der Grundschule findet aber viel zu selten statt. Was also muss getan werden, um das politische Lernen in der Grundschule zu verbessern?

3.1. Lehrerausbildung und -fortbildung

„Dass politisches Lernen ein zentraler Bestandteil des modernen Sachunterrichts ist – oder besser: sein müsste –, dürfte vielen Lehrerinnen und Lehrern nicht bewusst sein" (Reeken 2007, S.40). Um dieses, von Reeken diagnostizierte, Defizit zu beheben, bedarf es dringend einer Änderung in der Lehrerausbildung. Derzeit kommt ein Großteil der Lehrer/innen während des Studiums nicht mit politischen Inhalten in Berührung und fühlt sich daher auch nicht ausreichend kompetent, politische Inhalte bereits in der Grundschule zu vermitteln. Elaborierte Kompetenzmodelle, durchdachte Konzepte der Politik- bzw. Sachunterrichtsdidaktik und die schönsten Best-Practice-Beispiele nützen nichts, wenn diese in der Grundschule nicht ankommen. Dann werden sie nur um ihrer selbst willen produziert. Es genügt nicht, die oben skizzierten Forschungsergebnisse nur in Wissenschaftskreisen zu rezipieren, sie müssen an die Lehrkräfte herangetragen werden, um hier einen Bewusstseinswandel einzuleiten. Solange die Mehrzahl der Grundschullehrkräfte meint, eine Klassensprecherwahl und soziales Lernen würde für die politisch-demokratische Bildung in der Grundschule ausreichen, da alles andere für Primarstufenkinder ohnehin zu komplex sei, wird sich in der Unterrichtsrealität nichts ändern. Kommt die Politische Bildung in der Lehramtsausbildung weiterhin zu kurz, so wird das Problem bestehen bleiben, dass „formal als ‚politisches Lernen' bezeichnete Unterrichtsinhalte tatsächlich herzlich wenig mit Politik, sondern eher mit zwischenmenschlichem Umgang oder Lebenskunde zu tun haben" (Reeken 2007, S. 38). Ohne entsprechendes fachliches und fachdidaktisches Hintergrundwissen gelingt es den Lehrer/innen in der Grundschule nicht, politische Dimensionen und Kategorien aus den in der Schulpraxis vorherrschenden Sachunterrichtsthemen herauszuarbeiten (vgl. Richter 2007, S. 167; vgl. Reeken 2007, S. 45).

Im Sinne John Deweys (2010), der dafür plädierte, die Demokratisierung der Gesellschaft müsse von den Schulen ausgehen, muss die Bedeutsamkeit des frühen politischen und demokratischen Lernens wieder stärker in den bildungspolitischen und gesellschaftlichen Fokus rücken. Der Weg dafür wird geebnet, wenn Politische Bildung und Demokratieerziehung auch bei Primarschullehrern verpflichtend in der Lehreraus- und -fortbildung integriert wird. Durch den Erwerb von fachlichem und fachdidaktischem Wissen sollen sie befähigt werden, politische Inhalte bereits in der Grundschule zu vermitteln. Allerdings reicht eine obligatorische Verankerung in den Studienordnungen noch nicht aus. Idealerweise wird bei den Lehrerinnen und Lehrern Begeisterung für das politisch-demokratische Lernen geweckt, weil nicht nur fachlich versierte, sondern vor allem motivierte und engagierte Lehrkräfte nötig sind, um die gesellschaftlich eminent wichtige Aufgabe zu erfüllen, Kinder zu Demokraten und mündigen Bürgern zu erziehen und der Politikverdrossenheit den Boden zu entziehen. Politisch interessierte Lehrkräfte sind deshalb wichtig, weil nur diese glaubhaft politische Lernprozesse initiieren können (vgl. Reeken 2007, S. 50). Anderenfalls droht das zu passieren, was Dagmar Richter bereits 1996 als Verdacht geäußert hat, nämlich die „weitgehende Verhinderung politischer Bildung", die nach ihrer Einschätzung „zu den tradierten Grundzügen des Sachunterrichts" gehört (Richter 1996, S. 263).

3.2. Unterrichtsmaterialien

Insbesondere fachfremde Lehrer in der Grundschule klagen zudem, dass kaum gutes Unterrichtsmaterial zur politisch-demokratischen Bildung im Kindesalter existiere (vgl. aber Immerfall/Schöne 2014). Auch Dagmar Richter plädiert an die Didaktiker, Materialien für den Politikunterricht in der Grundschule zu erstellen, die sich mit realen Problemen beschäftigen (vgl. Professur für Didaktik der Sozialwissenschaften an der Justus-Liebig-Universität Gießen 2011). Sinnvoll wären etwa themenspezifische Zusammenstellungen von geeigneten Unterrichtsmaterialien (Bücher, Kopiervorlagen, Internetseiten etc.). Weiterhin wären

Best-Practice-Beispiele sowie Handreichungen zu aktuellen Themen (Beispiel: Migration) hilfreich. Um die Qualität von Unterrichtsmaterialien zu gewährleisten, bedarf es Kategorien und Analyseinstrumenten, die sicherstellen, dass motivierende, kognitiv-aktivierende und lebensnahe Aufgaben gestellt werden, die politische Inhalte kindgerecht herunterbrechen und dennoch die politischen Sachverhalte nicht verfälschen.

3.3. Medienkompetenz

Politische Urteilsbildung, bei Grundschulkindern also zunächst das Sprechen und Nachdenken über Politik, setzt politisches Wissen voraus. Das Einholen und Sammeln entsprechender Informationen rückt die Medienkompetenz von Kindern in das Blickfeld des Sachunterrichts. Die Bedeutung der Massenmedien in der modernen Welt erfordert eine gut entwickelte Medienkompetenz, die auch Teil Politischer Bildung ist. Schneider (2007, S.23) wirbt dafür, dass sich bereits Grundschulkinder mit unterschiedlichen Medien auseinandersetzen und lernen, mit diesen kritisch umzugehen. Neben dem Fernseher ist es vor allem das Internet, das in der jungen Generation bereits eine große Rolle spielt und auch sinnvoll im Unterricht zur Politischen Bildung eingesetzt werden kann. Das entsprechende Mediennutzungsverhalten bildet sich in der oben zitierten Studie (Dörner 2012) ab: 17% der befragten Grundschulkinder informieren sich im Internet über Politik. Hohen Bekanntheitsgrad hat dabei die Kindernachrichtenseite Logo. Die Internetseiten für Kinder der Europäischen Union, des Deutschen Bundestages oder der Bundeszentrale für Politische Bildung sind den Kindern hingegen kaum bekannt. Im Unterricht könnten die Grundschüler/innen mit verschiedenen Internetseiten vertraut gemacht werden, auf denen sie sich kindgerecht über politische Inhalte informieren können.

3.4. Betroffenheit

Um bei Kindern Interesse an politischen Inhalten zu wecken, ist – genau wie bei Erwachsenen – Betroffenheit ein entscheidender Erfolgsfaktor. Schülerorientierung ist ein zentrales didaktisches Prinzip und sollte als pädagogischer Auftrag an die Lehrkräfte verstanden werden. Über tagesaktuelle Themen lässt sich sehr einfach ein Politikbezug herstellen. Entsprechende Themen bringen die Kinder oft selbst mit ins Klassenzimmer (Beispiele: Flüchtlinge, Kriege, Wahlen). Diese Themen beschäftigen die Kinder – teils auch unbewusst – sehr und sie nehmen die Gelegenheiten für entsprechende Gespräche im Klassenzimmer gerne an.

Eine Untersuchung über die „kindliche Wahrnehmung von Kriegsberichterstattung in Nachrichten, die daraus resultierenden Ängste und kindliche

Realitätswahrnehmung" über den Irakkrieg hat gezeigt, dass „beschützendes Schweigen" zu großen Angstvorstellungen bei Kindern führt (Meckel 2008, S.12). Aufgrund des Informationsdefizits konnten diese Kinder ihre umgebende Wirklichkeit nicht hinreichend verarbeiten, woraus sich Ängste entwickelt haben. Können Kinder politische Inhalte und Nachrichten jedoch in Beziehung zu ihrer eigenen Lebenswelt setzen, so verhindert dies wiederum die Entwicklung von Angstvorstellungen (vgl. ebd.).

Da es heutzutage viele Kinder gibt, die im Elternhaus nicht die Möglichkeit haben, über politische und gesellschaftliche Themen zu sprechen, sollten die Grundschulen den Kindern einen Raum bieten, in dem sie sich regelmäßig über aktuelle politische Themen austauschen können. Dass auch Grundschulkinder Freude daran haben, über Politik zu diskutieren, zeigen die Gruppendiskussion in entsprechenden Studien (vgl. Dörner 2012) sowie die eigene Unterrichtserfahrung. Zudem belegt die Erhebung, dass sich das Sprechen über politische Themen äußerst positiv auf das politische Wissen und langfristig auch auf das Interesse und die Einstellungen der Kinder auswirkt. Fühlen sich die Schülerinnen und Schüler politisch kompetenter, steigt auch ihr Interesse und sie entwickeln positive Einstellungen zur Demokratie und dem politischen System.

Neben der Möglichkeit, regelmäßige Gesprächsrunden im Sitzkreis zu implementieren, erweist sich auch der Klassenrat als eine für die Grundschule geeignete Partizipationsform, in der gleichzeitig das Debattieren geübt werden kann. „Die Möglichkeit, sich jetzt und später in kleineren oder größeren Gruppen zu eigenen Anliegen zu äußern, die eigene Meinung zu sagen und den eigenen Standpunkt argumentativ darzustellen, ist eine Grundbedingung, um sich in die Gesellschaft einbringen zu können. Ebenso wichtig ist es, anderen zuzuhören, die Standpunkte anderer zu verstehen versuchen und sich aufgrund vorgebrachter Argumente eine eigene Meinung zu bilden bzw. die eigene Meinung kritisch zu hinterfragen" (Farkas 2011, S.45).

4. Praxisbeispiel zur Europabildung in der Grundschule: Europäischer Wettbewerb „Europa hilft – hilft Europa?"

Im Folgenden wird ein Praxisbeispiel aus dem Unterrichtsalltag der Autorin vorgestellt, um zu zeigen, wie politisch-demokratisches Lernen sowie ein europabezogener Unterricht bereits in der Grundschule angebahnt werden können. Unter dem Motto „Hilf mit, unsere Erde zu schützen" haben sich die beiden 3. Klassen der Hermann-Hesse-Schule Gaienhofen anlässlich des 62. Europäischen Wettbewerbs im Rahmen des Moduls 1-1 mit dem Thema „Hilfe – schütze mich! In Europa und auf der ganzen Welt sterben Tier- und Pflanzenarten aus. Welche möchtet Ihr beschützen?" mit bedrohten Tierarten beschäftigt.

Der Europäische Wettbewerb fand 2015 zum 62. Mal statt. Er ist damit der älteste und einer der renommiertesten Schülerwettbewerbe Deutschlands. Von der ersten Klasse bis zum Abitur sind alle Schülerinnen und Schüler eingeladen, zu aktuellen europäischen Themen kreative Beiträge einzureichen. Kreativ lernend Europa entdecken und mitgestalten – das ist das Wettbewerbsmotto.

Kinder sind in der Regel sehr tieraffin und daher bot sich die Brücke „bedrohte Tierarten" sehr gut an, um mit der Wettbewerbsbeteiligung auch politische Inhalte zu vermitteln. Zudem ermöglichte das Projekt, die Kinder – unter Berücksichtigung des Beutelsbacher Konsens – anzuleiten, für ihre Interessen – auch öffentlich – einzutreten und sich eine Stimme zu verschaffen. Nach einem demokratischen Abstimmungsprozess in der Klasse haben sich die Kinder einstimmig zur Wettbewerbsteilnahme und für das Thema entschieden.

Das Projekt begann damit, dass die Kinder der einen Klasse, nachdem sie über die Rote Liste der bedrohten Tierarten der Weltnaturschutzunion erfahren hatten, im Kunstunterricht bedrohte Tiere in Gemälden porträtierten. In der Parallelklasse wurden im Fächerverbund Mensch, Natur und Kultur (Sachunterricht) Plakate zu bedrohten Tierarten gestaltet. Das notwendige Informationsmaterial haben die Schülerinnen und Schüler im Unterricht von der Lehrkraft erhalten bzw. das Internet oder Tierbücher zurate gezogen. Dabei haben sich die Kinder nicht nur intensiv mit den bedrohten Tierarten beschäftigt, sondern auch über – politische und gesellschaftliche – Lösungen nachgedacht, die zum Schutz der bedrohten Arten beitragen könnten.

Was mit künstlerischer Tätigkeit begann, wurde so zur Bildung für nachhaltige Entwicklung, die ein wichtiger Bestandteil einer umfassenden Demokratieerziehung ist. Ausgehend von den bedrohten Tierarten konnten viele weitere umweltpolitische Themen, die die europäische Agenda bestimmen, im Unterricht behandelt und diskutiert werden, z. B. wurde über erneuerbare und fossile Energien, über Klimawandel, über Artenschutz, über den Umgang mit begrenzten Ressourcen und über die Themen Wasserverbrauch und Müllvermeidung gesprochen. Begleitend wurden viele Tipps gesammelt, wie jeder von uns tagtäglich einen kleinen Beitrag leisten kann, um unsere Erde zu schützen. So haben die Kinder gelernt, dass nicht nur die Erwachsenen, insbesondere die Politiker, eine Verantwortung für den Schutz unserer Umwelt tragen, sondern auch Kinder schon hier und heute ihren Beitrag leisten können. Zugleich war es den Kindern wichtig, andere auf die bedrohten Tiere aufmerksam zu machen. Dafür wurden die Kinderbilder und Plakate vier Wochen lang öffentlich im Rathaus in einer Ausstellung gezeigt. Zur Vernissage und einem anschließenden Gespräch zum Thema Umweltschutz mit den Kindern kamen der zuständige Bundestagsabgeordnete (Andreas Jung), der auch Vorsitzender des Parlamentarischen Beirats für nachhaltige Entwicklung ist, der Bürgermeister des Ortes (Uwe Eisch) sowie diverse Pressevertreter inklusive des Lokalfernsehens.[2]

Kreativität und Europakompetenz zu fördern, ist das Ziel des Europäischen Wettbewerbs. Das Wettbewerbsprojekt zum Thema „Hilf mit, unsere Erde zu schützen", welches über mehrere Wochen im Unterricht lief, zeigt, wie es gelingt, diese Projektziele durch politisches Lernen zu ergänzen. Im Projektverlauf wurden zentrale didaktische Prinzipien des Politikunterrichts umgesetzt: Schülerorientierung, Alltagsorientierung, Handlungsorientierung, Problemorientierung und exemplarisches Vorgehen (Sander 2007). Zudem wurde das Lernen an außerschulischen Lernorten (Rathaus) ermöglicht und Medienbildung betrieben. Nicht nur wurden die Kinder auf wichtige politische und gesellschaftliche Aspekte zu den Themen Entwicklung, Umweltschutz und Nachhaltigkeit aufmerksam und haben hier erstes Fachwissen erworben. Darüber hinaus wurde durch die medienwirksame Präsentation der Arbeiten in der Öffentlichkeit sowohl ihre Handlungsfähigkeit als auch ihre Medienkompetenz gestärkt. Die Kinder haben an Politiker und die Bürger appelliert, sich stärker für den Schutz unserer Umwelt und bedrohter Tierarten einzusetzen und damit ihre demokratische Handlungskompetenz geschult. In der Folge führte das Projekt bei den Kindern auch zu einem gesteigerten Interesse an politischen Themen und zur Bereitschaft, sich über Politik zu informieren.

5. Zum Abschluss ein Plädoyer

Trotz vermehrter Studien zur politischen Sozialisation von Kindern und zur Sachunterrichtsdidaktik wissen wir immer noch zu wenig darüber, wie Kinder politische Erfahrungen verarbeiten, welches politische Vorverständnis Kinder bereits in die Grundschule mitbringen und über welches Politikbewusstsein Grundschullehrkräfte verfügen (vgl. Reeken 2007, S. 47). Hier sind weitere Forschungsanstrengungen nötig.

---

2 Ein Filmbeitrag zum Projekt ist im Internet einsehbar: Regio TV (2015): Blickfang – Das Bodenseemagazin, http://www.regio-tv.de/video/374209.html, Zugriff am 09.04.2016.

Gesichertes Wissen ist aber, dass sich die politische Persönlichkeit bereits in frühen Jahren ausbildet und Grundschulkinder über politisches Wissen, politische Einstellungen und politische Vorstellungen verfügen, auf die im Unterricht zurückgegriffen werden kann. „Die Vermittlung der Demokratie als die zentrale Aufgabe der Politischen Bildung in einer demokratischen Gesellschaft verspielt ein reichhaltiges Potenzial, wenn sie sich allein auf das Jugend- und Erwachsenenalter in seinen verschiedenen Phasen beschränkt" (Ohlmeier 2010, S.258). „Demokratie heißt, sich in die eigenen Angelegenheiten einmischen" (Ackermann 2005, S.11). Demokratie ist kein Zustand, sondern ein Prozess. Damit unsere Demokratie lebendig bleibt, braucht es mündige Bürger und Demokraten, die an ihr teilhaben und sich einbringen. Dieses „Demokratie lernen" muss von Anfang an beginnen. Die Bedingungen dafür sind heutzutage günstiger als früher. Kinder werden früher selbständig, wachsen oftmals in Familienformen auf, die durch einen demokratischen und partnerschaftlichen Erziehungsstil geprägt sind und werden nicht zuletzt durch die Medien „viel stärker in Gesellschaftsprozesse integriert" und lernen dabei frühzeitig, eigene Interessen zu artikulieren (Reeken 2007, S.22).

Damit frühe Politische Bildung gelingt, ist wichtiger noch als vermehrte Forschungsanstrengungen der Transfer von der Wissenschaft in die Praxis. Das zeigen sowohl die Befragungen unter Grundschullehrkräften als auch die eigenen beruflichen Erfahrungen der Verfasserin als Grundschullehrerin. Nur wenn die Kenntnisse der Wissenschaft in die Schulen vermittelt werden und Grundschullehrer/innen verstehen, dass politisches Lernen ein wichtiger Teil des Sachunterricht sein muss, kann die Politische Bildung in der Primarstufe verbessert werden. Erst dann machen didaktische Konzeptionen und Best-Practice-Beispiele, die nach den neusten Forschungserkenntnissen zum Politikverständnis von Grundschülern konzipiert sind, Sinn. Gefordert sind also die Lehramtsausbildung und vor allem die Lehrerfortbildung!

Grundschullehrkräfte müssen den Wert guter Politischer Bildung noch besser erkennen: Sie schult nicht nur die eigene Urteilsfähigkeit, sie festigt auch das Selbstvertrauen und stärkt die Analysefähigkeit sowie Handlungskompetenzen. Dies wirkt sich auf die ganze Persönlichkeitsentwicklung positiv aus, fördert selbständiges Denken und hilft bei der Entwicklung einer positiven Lebenseinstellung (Reeken 2007, S.50). Damit ist Politische Bildung zentraler Bestandteil einer grundlegenden Bildung.

Literaturverzeichnis

Ackermann, Paul (2005): Bürgerhandbuch. Basisinformationen und 66 Tipps zum Tun, Bundeszentrale für politische Bildung, Bonn.

Allen, Gary L./Kirasic, Kathleen C./Spilich, George J. (1997): Children's Political Knowledge and Memory for Political News Stories, in: Child Study Journal, H. 3, S.163–177.

Almond, Gabriel/Verba, Sidney (1963): The Civic Culture. Political Attitudes and Democracy in Five Nations, New Jersey.

Belwe, Katharina (2005): Editorial, in: Aus Politik und Zeitgeschichte, B. 41, S.2.

Berti, Anna Emilia/Andriolo, Alessandra (2001): Third Graders' Understanding of Core Political Concepts (Law, Nation-State, Government) Before and After Teaching, in: Genetic, Social, and General Psychology Monographs, H. 4, S.346–377.

Delli Carpini, Michael X./Keeter, Scott (1996): What Americans Know about Politics and why it Matters, New Haven und London.

Dewey, John (2010): Demokratie und Erziehung. Eine Einleitung in die philosophische Pädagogik, Weinheim und Basel.

Dörner, Julia Kristin (2012): Grundschulkinder und Politik. Politikverständnis und politische Einstellungen von Kindern im 4. Schuljahr, Examensarbeit an der Pädagogischen Hochschule Weingarten, unveröffentlichtes Manuskript.

Easton, David/Dennis, Jack (1969): Children in the political system. Origins of political legitimacy, New York.

Eschenburg, Theodor (1986): Der mündige Bürger fällt nicht vom Himmel. Die Anfänge der Politikwissenschaft und des Schulfaches Politik in Deutschland nach 1945, in: Der Bürger im Staat, H. 2, S.243.

Farkas, Katarina (2011): Der Klassenrat – ein probates Mittel zur Partizipation, in: Reinhardt, Volker: Demokratie und Partizipation von Anfang an. Tagungspublikation des Fachteams für Politische Bildung und Demokratiepädagogik an der PHZ Luzern, Baltmannsweiler, S.45–59.

Greven, Michael Th. (1995): Demokraten fallen nicht vom Himmel. Demokratischer Grundkonsens als Voraussetzung oder Folge demokratischer Politik?, in: Klein, Ansgar (Hrsg.): Grundwerte in der Demokratie, Bonn, S.30–35.

Lucke, Albrecht von (2015): EU in Auflösung?, in: Blätter für deutsche und internationale Politik, H. 10, S.45–54.

Meckel, Nina (2008): Angela wer?!: Kinder und ihr log(o)isches Verständnis von Politik; eine Untersuchung zur kindlichen Wahrnehmung der Nachrichtensendung logo und deren Auswirkung auf das politische Interesse und Wissen von Kindern, Saarbrücken.

Moll, Andrea (2001): Was Kinder denken: zum Gesellschaftsverständnis von Schulkindern, Schwalbach/Ts.

Ohlmeier, Bernhard (2010): Möglichkeiten der Entdeckung von Demokratie bei Kindern, in: Lange, Dirk/Himmelmann, Gerhard (Hrsg.): Demokratiedidaktik. Impulse für die Politische Bildung, Wiesbaden, S. 258–273.

Reeken, Dietmer von (2007): Politisches Lernen im Sachunterricht. Didaktische Grundlagen und unterrichtspraktische Hinweise, Baltmannsweiler.

Reinfried, Sibylle (2010): Lernen als Vorstellungsänderung, in: Reinfried, Sibylle (Hrsg.): Schülervorstellungen und geographisches Lernen. Aktuelle Conceptual-Change-Forschung und Stand der theoretischen Diskussion, Berlin, S. 2–11.

Richter, Dagmar (1996): Didaktikkonzepte von der Heimatkunde zum Sachunterricht – und die stets ungenügend berücksichtigte politische Bildung, in: George, Siegfried/Prote, Ingrid (Hrsg.): Handbuch zur politischen Bildung in der Grundschule, Schwalbach/Ts., S. 261–284.

Richter, Dagmar (2007): Politische Aspekte, in: Kahlert, Joachim u. a. (Hrsg.): Handbuch Didaktik des Sachunterrichts, Bad Heilbrunn, S. 163–168.

Sander, Wolfgang (Hrsg.) (2007): Handbuch politische Bildung, Schwalbach/Ts.

Schneider, Ilona Katharina (2007): Politische Bildung in der Grundschule. Sachinformationen, didaktische und methodische Überlegungen, Unterrichtsideen und Arbeitsmaterialien für die 1. bis 4. Klasse, Baltmannsweiler.

Schöne, Helmar/Immerfall, Stefan (2014): EU unterrichten – Widersprüche im Schulalltag, in: Frech, Siegfried/Kalb, Jürgen/Templ, Karl-Ulrich (Hrsg.): Europa in der Schule. Perspektiven eines modernen Europaunterrichts.

Van Deth, Jan W. (2005): Kinder und Politik, in: Aus Politik und Zeitgeschichte, H. 41, S. 3–6.

Van Deth, Jan W. u. a. (2007): Vorwort, in: Van Deth, Jan W. u. a.: Kinder und Politik. Politische Einstellungen von jungen Kindern im ersten Grundschuljahr, Verlag für Sozialwissenschaften, Wiesbaden, S. 7 f.

Vollmar, Meike (2007): Politisches Wissen bei Kindern – nicht einfach nur ja oder nein, in: Van Deth, Jan W. u. a.: Kinder und Politik. Politische Einstellungen von jungen Kindern im ersten Grundschuljahr, Wiesbaden, S. 119–160.

Wasmund, Klaus (1982): Ist der politische Einfluß der Familie ein Mythos oder eine Realität?, in: Claußen, Bernhard/Wasmund, Klaus (Hrsg.): Handbuch der politischen Sozialisation, Braunschweig, S. 23–63.

Zaller, John (1992): The Nature and Origins of Mass Opinion, Cambridge.

Internetverzeichnis

Grau, Alexander (2016): Die Rückkehr des Nationalismus – Der Preis der Globalisierung, in: Cicero – Magazin für politische Kultur, Ausgabe 05. Februar 2016, http://www.cicero.de/weltbuehne/die-rueckkehr-des-nationendenkens-rettungsanker-nationalismus/60467, Zugriff am 31.10.2016

Papier, Hans- Jürgen (2016): Zerfällt Europa? Europa zwischen Nationalstaatlichkeit und Einheit, in: Frankfurter Allgemeine Zeitung, Ausgabe vom 21.10.2016, http://www.faz.net/aktuell/politik/zerfaellt-europa/zerfaellt-europa-17-europa-zwischen-nationalstaatlichkeit-und-einheit-14484032.html, Zugriff am 31.10.2016

Landeszentrale für politische Bildung Baden-Württemberg (2016): Münchner Manifest vom 26. Mai 1997. Demokratie Braucht Politische Bildung. Zum Auftrag der Bundeszentrale und der Landeszentralen für politische Bildung, https://www.lpb-bw.de/muenchner_manifest.html, Zugriff am 31.10.2016

Professur für Didaktik der Sozialwissenschaften an der Justus-Liebig-Universität Gießen (2011): Podcast 13: Interview mit Prof. Dagmar Richter (Technische Universität Braunschweig): Wie kann politische Bildung in der Grundschule funktionieren?, http://www.podcampus.de/nodes/plkbL, Zugriff am 31.10.2016

Tausendpfund, Markus (2008): Demokratie Leben Lernen – Erste Ergebnisse der dritten Welle: Politische Orientierungen von Kindern im vierten Grundschuljahr. Arbeitspapiere – Mannheimer Zentrum für Europäische Sozialforschung/Nr 116, www.mzes.uni-mannheim.de/publications/wp/wp-116.pdf, Zugriff am 31.10.2016

STEFANIE KESSLER

Vorurteilsbewusstes Lernen in der Europabildung im Sachunterricht

1. Einleitung

Die Lebenswirklichkeit von Kindern ist heute nicht mehr ausschließlich lokal oder regional geprägt. Kinder haben bereits sehr früh ein eigenes, wenn auch unvollständiges, Welt- bzw. Europabild (vgl. Hempel 2011; Schmeinck 2007; Schniotalle 2004). Der Einfluss des Sachunterrichts ist darauf (bisher) gering. Im Gegenteil, wenn man sich Unterrichtsmaterialien zum Thema Europa anschaut, entsteht der Eindruck, dass hier tendenziell stereotype kulturelle Zuschreibungen[1] verstärkt werden (vgl. Büker 2009, S. 182–183). Dies ist in Zeiten eines europaweit zunehmenden Rechtspopulismus, dem ein Streben nach Antipluralismus, Homogenität und der Ablehnung von Vielfalt gemein ist (vgl. Ajanovic et al. 2015)[2] und der somit die Idee eines in Vielfalt geeinten

---

1 Unter stereotypen kulturellen Zuschreibungen (Hahn/Hahn 2004, S. 20) werden Einstellungen verstanden, die ein (negatives oder positives) Werturteil beinhalten. Sie werden meist auf Menschen bzw. auf menschliche Gruppen angewandt, die unterschiedlich gefasst sein können: rassisch, ethnisch, national, sozial, politisch, religiös oder konfessionell, beruflich etc. Die stereotype Wahrnehmung einer Menschengruppe, setzt dabei deren Homogenität voraus und führt über eine Leugnung der Heterogenität dieser Gruppe zu einer Negierung der Individualität der Einzelnen. Nationale Stereotype dienen der Identitätsbildung der Eigengruppe in Abgrenzung vom Fremden und basieren meist auf ethnischen Stereotypen.
2 Dies soll nicht implizieren, dass es einen kausalen Zusammenhang zwischen dem Denken in Stereotypen und Vorurteilen und einer rechtspopulistischen Ablehnung der europäischen Integration und Vielfalt gibt. Oder anders formuliert, hat nicht jede/r, die/der Stereotype und Vorurteile gegenüber unseren europäischen Nachbarn hegt, automatisch eine rechtspopulistische Einstellung. Andersherum ist es jedoch auffällig, dass rechtspopulistischen Bewegungen in Europa ein Streben nach nationaler und ethnischer Homogenität und die Ablehnung von Vielfalt gemein ist (vgl. Ajanovic et al. 2015, S. 76). Auch Zick et al. (2011, S. 115 ff.) konnten in einer Befragung zu Intoleranz, Vorurteilen und Diskriminierung in der Bevölkerung von acht europäischen Ländern feststellen, dass mit einer politischen Selbstverortung rechts oder auch links der Mitte stärkere Vorurteile und eine Abwertung von Minderheiten einhergehen. Auch zeichnet sich eine Tendenz ab, dass dies eher mit einem negativen Bild der Europäischen Union einhergeht, was in einer weiteren Studie unter der deutschen Bevölkerung bestätigt werden konnte (vgl. Zick/Küpper 2014). Das formale Bildungsniveau

Europas konterkariert, bedenklich. Vor dem Hintergrund einer medialen und öffentlichen Präsenz rechtspopulistischer Positionen erlangt das Thema Vorurteilsbewusstes Lernen in der Europabildung auch als Teil einer europapolitischen Bildung hohe Relevanz. Vorurteilsbewusstes Lernen sollte daher Teil einer gelingenden Europabildung im Sachunterricht sein. Im Rahmen dieses Beitrags wird diskutiert, wie dies gelingen kann.

Um diese Frage zu beantworten, soll zunächst das Erfordernis von vorurteilsbewusstem Lernen in der Europabildung im Sachunterricht dargestellt werden. Im Anschluss daran werden das Konzept des Anti-Bias-Ansatzes eingeführt und Erfahrungen aus der frühkindlichen Bildung und der Grundschulbildung vorgestellt. Abschließend wird eine mögliche Integration in die Europabildung im Sachunterricht vorgeschlagen.

2. Das Erfordernis von vorurteilsbewusstem Lernen in der Europabildung

Schmitt (1991) leitet mit Bezug auf Piaget und Weil (1951) sowie der amerikanischen Vorurteilsforschung die Notwendigkeit für eine frühe Europabildung ab, da sich Einstellungen bereits im Kindesalter bilden und verfestigen. Büker (1998) und Thiedke (2005) konnten in ihren Untersuchungen bestätigen, dass Grundschulkinder sowohl Angst als auch Faszination vor dem Fremden haben und sich im Prozess einer aktiven Urteilsbildung und -verfestigung befinden.

Aus der Forschung über die Entstehung von Vorurteilen bei Kindern ist zudem bekannt, dass Kinder früh Klischees und negative Einstellungen gegenüber Personen und Gruppen bzw. auch Staaten übernehmen (vgl. Wagner 2007). Raabe/Beelmann (2011, S. 1729 ff.) konnten in einer Metaanalyse von 128 Studien zur Vorurteilsentwicklung und -veränderung die Theorie bestätigen, dass ethnische, rassistische und nationale Vorurteile, die mit einer negativen Orientierung gegenüber Individuen und Gruppen aufgrund einer entsprechenden Zuschreibung einhergehen (ebd., S. 1715), bei Kindern[3] bis zum Alter von

---

hat darauf keinen Einfluss. Zick (2015) geht daher davon aus, dass es an der „richtigen Bildung mangelt" (Kleffner 2015, S. 19), d.h. stärker vermittelt werden sollte, Menschen „in ihrer Unterschiedlichkeit wertzuschätzen" (ebd.).

3 Die Ergebnisse treffen mit nur leichten Differenzen sowohl auf Kinder der Mehrheitsgesellschaft als auch auf Kinder, die durch Vorurteile stigmatisierten betroffenen Minderheiten zugehörig sind, zu (Rabe/Beelmann 2011, S. 1730).

sieben Jahren stetig zunehmen. Anschließend bewirkt die kognitive Entwicklung der Kinder bis zum Alter von zehn Jahren, dass sie stärker differenzieren können und Vorurteile entsprechend abnehmen. Danach nehmen Vorurteile jedoch während der Pubertät wieder zu. Raabe und Beelmann stellten zudem fest, dass Veränderungen von Vorurteilen[4] durch soziale Erfahrungen mit Vielfalt und Heterogenität, ein heterogenes Lebensumfeld (z.B. ethnisch, sozioökonomisch gemischte Nachbarschaft, Kindergarten/Schule) und den Kontakt mit Menschen negativ besetzter Gruppen nur in der Kindheit erfolgen[5]. Die Effekte danach (ab dem Alter von 10 Jahren) sind so gering, dass von keiner systematischen Veränderung mehr gesprochen werden kann. Sie empfehlen daher, dass präventive Maßnahmen zur Sensibilisierung gegenüber Vorurteilen in der Kindheit und nicht erst während der Pubertät erfolgen sollten (ebd., S. 1731).

Für Schmitt, Büker und Thiedke ergibt sich daraus das Erfordernis, dass eine Europabildung in der Grundschule dazu beitragen sollte, stereotype Europabilder, die Kinder in ihrer Lebenswelt erlangen, aufzugreifen, sie zu hinterfragen und aufzubrechen.

Ein Problem der Europabildung in der Grundschule besteht jedoch darin, dass es an Konzepten mangelt (Speck-Hamdan 2009, S. 24) bzw. zu wenig Bezug auf die vorhandenen Konzepte (Luchtenberg 2004; Büker 2001; Schmitt 1991 und 2001; Büker 1998; Kasper et al. 1992) genommen wird. Speck-Hamdan (2009, S. 24) kritisiert, dass auf Basis der recht vagen Hinweise der KMK-Empfehlung zur Europabildung (1978/2008)[6] eine gewisse Beliebigkeit herrscht oder das Thema gar nicht erst unterrichtet wird. Dies spiegelt sich in diversen Unterrichtsmaterialien wider, die zwar versuchen kindgerecht zu sein und die Lebenswelt der Kinder aufzugreifen, dabei jedoch stereotype kulturelle

---

4 Eine Veränderung der Vorurteile impliziert nicht, dass Kinder danach keine Vorurteile mehr haben, sondern eher, dass sie in der Lage sind diese zu reflektieren und sich ihrer negativen Konsequenzen bewusst sind, so dass das Fremde besser verstanden und Differenzen akzeptiert bzw. vielleicht sogar als Wert für die Gemeinschaft erkannt werden.
5 Bei Kinder, die solche Erfahrungen nicht machen und in hoch segregierten Umwelten aufwachsen, in denen sie keine Erfahrungen mit Vielfalt und Heterogenität machen sowie keinen positiven Kontakt zu anderen Gruppenmitgliedern als der eigenen herstellen können, sind keine Veränderungen in den Vorurteilen festzustellen. Hier nehmen die Vorurteile mit zunehmenden Alter zu.
6 Dort heißt es: „In der Grundschule wird die Thematik dort aufgegriffen, wo der Erlebnis- und Erfahrungshorizont der Schülerinnen und Schüler dies erlaubt oder neue Erfahrungsfelder im Rahmen besonderer Maßnahmen eröffnet werden können" (KMK Beschluss vom 08.06.1978, 05.05.2008).

Zuschreibungen reproduzieren und verstärken, wie beispielsweise vom „Dorfidyll unter dem Olivenbaum in Griechenland (oder) Baguette essenden Franzosen vor dem Eiffelturm" (Büker 2009, S. 182–183.). Büker betont, wenn Lehrkräfte hier nicht relativierend eingreifen, bleiben individuelle Vielfalt und hybride Identitätskonzepte außen vor.

3. Konzept und Erfahrungen des Anti-Bias-Ansatzes

Der englische Begriff ‚Bias' lässt sich in diesem Kontext mit Voreingenommenheit, Vorurteil oder Schieflage übersetzen und wurde gewählt, „um auszudrücken, dass der Anti-Bias-Ansatz sich gegen jegliche Form von Ausgrenzung, Diskriminierung und Unterdrückung richtet" (Schmidt 2009, S. 23). Die Vorsilbe ‚Anti' soll verdeutlichen, dass es sich um „einen aktivierenden Ansatz" (ebd.) gegen jede Form von Ausgrenzung und Unterdrückung handelt.

Der Anti-Bias-Ansatz wurde Mitte der 1980er Jahre in Kalifornien/USA von Derman-Sparks (1989) in der frühkindlichen Pädagogik entwickelt und später für den deutschen Kontext adaptiert. Mittlerweile wird in Deutschland von der Elementarpädagogik bis in die Erwachsenenbildung hinein mit diesem Ansatz gearbeitet (vgl. Gramelt 2010). In diesem Beitrag interessieren insbesondere das Konzept für die frühkindliche und die Grundschulpädagogik. Dabei soll insbesondere den Erfahrungen aus dem Projekt KINDERWELTEN in Kitas und den Projekten von FiPP e.V. in der Grundschule Beachtung geschenkt werden.

3.1 Der Anti-Bias-Ansatz in der frühkindlichen Pädagogik

Der Anti-Bias-Ansatz hat zum Ziel, Kinder darin zu unterstützen, Stereotype und Vorurteile nicht unreflektiert zu übernehmen. Stattdessen sollen Kinder dazu befähigt werden, ein positives Selbstbild aufzubauen, einen positiven, entspannten Umgang mit Unterschieden und Vielfalt zu entwickeln, ungleiche Behandlung kritisch zu hinterfragen und dagegen aktiv zu werden (vgl. Derman-Sparks 1989, S. ix; siehe ausführliche Beschreibung Gramelt 2010, S. 103–109). Die pädagogische Gestaltung dessen erfolgt durch eine gezielte Raumgestaltung, die Zusammenstellung von Materialien und durch die Kommunikation mit Kindern (vgl. Derman-Sparks 1989, S. 11 ff.; Gramelt 2010, S. 109–114). Vielfalt soll in der Kita durch Bilder, Fotos, verschiedene Sprachen etc. abgebildet werden, um allen Kindern Identifikationsprozesse zu ermöglichen. Dabei geht es darum, die Vielfalt unter den Kindern und in der Gesellschaft aufzugreifen und mit stereotypen Mustern zu brechen. Weiterhin sollte das Spielzeug in der Kita Vielfalt aufzeigen (z.B. Puppen unterschiedlicher Hautfarbe und Geschlecht, weibliche Spielfiguren in der Bauecke etc.) und auch in der Kommunikation mit Kindern soll durch Lieder und Geschichten auf Diversität geachtet werden. Des Weiteren sollen Erzieher/innen Kinder vor Ausgrenzung und Diskriminierung schützen und sie ermutigen dagegen vorzugehen.

Voraussetzung dafür ist, dass Erzieher/innen selbst für Voreingenommenheiten und Ungleichheiten sensibel werden und sich aktiv damit auseinandersetzen, welchen Einfluss derartige Schieflagen auf die Kinder haben. Dafür ist es notwendig, dass das Thema einen Platz in der Aus- und Fortbildung hat (vgl. Derman-Sparks 2001).

3.2 Erfahrungen aus dem Projekt KINDERWELTEN

Im Projekt KINDERWELTEN wird seit 2000 daran gearbeitet, den Anti-Bias-Ansatz für deutsche Kitas zu adaptieren. Es ist damit das Projekt, das am längsten und kontinuierlichsten mit dem Ansatz in Deutschland arbeitet. Zu Beginn wurde das Konzept von Derman-Sparks zu Grunde gelegt sowie kontinuierlich mit ihr zusammen gearbeitet. Zuerst wurde ein Modellprojekt zur Umsetzung des Ansatzes in vier Kitas in Berlin-Kreuzberg durchgeführt[7], später folgten bundesweit Fortbildungen für Erzieher/innen und Kooperationen mit Kitas. Wagner, Projektleiterin des ersten Modellprojekts, äußert im Interview mit Gramelt (2010, S. 134), dass es im Kern darum ginge, Kindern vorurteilsbewusste Bildungsprozesse zu ermöglichen. Ziel ist es daher die Erzieher/innen zu sensibilisieren und sie zu befähigen, die Kita als Bildungsraum auf vorurteilsbewusste Art und Weise zu gestalten.

Für die erfolgreiche Umsetzung war es für Wagner besonders wichtig, ausreichend Zeit zur Verfügung zu haben. Genau dies wurde auch in der Evaluation des zweiten Folgeprojekts durch Gomolla (2007) bestätigt. Sie hat festgestellt, dass für eine erfolgreiche Umsetzung in der Kita vier Erfolgskriterien maßgeblich sind: „eine ausreichend lange Vorlaufphase, in der in den Teams eine gemeinsame Orientierungsgrundlage erarbeitet wurde; die Involvierung und spezielle Qualifizierung der Kita-Leitung; das Vorhandensein mehrerer Delegierter; das vorgegebene strukturierte Programm mit Elementen für die ganzen Teams" (Gomolla 2007, S. 70). Auch Krause, Projektkoordinatorin von

---

[7] Aus den Projekterfahrungen heraus wurde für die Aus- und Fortbildung von Erziehern/innen das Handbuch „Macker, Zicke, Trampeltier. Vorurteilsbewusste Bildung und Erziehung in Kindertageseinrichtungen" von Wagner et al. (2006) herausgegeben.

KINDERWELTEN, verweist darauf, dass es Zeit benötigt, gewohnte Routinen und Praxen zu verändern. So müssen die Erzieher/innen tagtäglich aufs Neue das eigene Handeln reflektieren und mit Widerständen umgehen (vgl. Gramelt 2010, S. 151–152).

3.3 Der Anti-Bias-Ansatz in der Grundschule

Für die Arbeit in Grundschulen wurde der Anti-Bias-Ansatz vom Fortbildungsinstitut für die pädagogische Praxis (FiPP e.V.)[8] adaptiert und in zwei Modellprojekten in Berliner Schulen erprobt (Projekt Netzwerk „MITEINANDER" in Marzahn-Hellersdorf 2002–2007 und darauf aufbauend „Starke Kinder machen Schule" 2007–2010)[9]. Projektbegleitend hat FiPP e.V. eine Fortbildungsreihe für Pädagogen/innen in Berlin durchgeführt. Das Projekt „Starke Kinder machen Schule" wurde wissenschaftlich durch das Deutsche Jugendinstitut begleitet und evaluiert. Im Gegensatz zum Projekt KINDERWELTEN gibt es hier bisher keine bundesweite Verbreitung des Konzepts in Grundschulen und der Lehrer/innen-Fortbildung.

Im Netzwerkprojekt MITEINANDER erarbeitete und erprobte FiPP e.V. eine deutschsprachige Methodensammlung zur Arbeit mit dem Anti-Bias-Ansatz mit Kindern in Grundschulen. Im Rahmen von viertägigen Seminaren konnten Kinder erleben, wie Vielfalt den Alltag bereichert und wie demokratische Werte die Atmosphäre in der Klasse verbessern (Bovha/Kontzi 2011 und 2009). Im darauf aufbauenden Projekt „Starke Kinder machen Schule" wurde ebenso mit Kindern gearbeitet (in Form wöchentlicher Treffen, von Projekttagen, etc.), dieses Mal jedoch ergänzt durch die Arbeit mit Lehrer/innen und Erzieher/innen in Schule und Hort (in Form von Beratungsgesprächen und Fortbildungen). Zudem wurden die Pädagogen/innen aktiv in die Arbeit mit den Kindern einbezogen. Durch die Kombination dieser Ansatzpunkte gelang es, dass Kinder und Pädagogen/innen einander vorurteilsbewusster begegneten, sowie dass die Vielfalt unter den Kindern und auch den Pädagogen/innen sichtbar wurde (ebd.). Ähnlich wie im Projekt KINDERWELTEN wurde auch hier die Erfahrung gemacht, dass eine grundsätzliche Offenheit der Pädagogen/

---

[8] FiPP e.V. arbeitet mit dem Anti-Bias-Ansatz in Kitas, Schulen und in sozialpädagogischen Einrichtungen. FiPP e.V. hatte sich mit sechs Kitas, deren Trägerschaft der Verein innehat, an KINDERWELTEN beteiligt und führt mittlerweile in vier weiteren Kitas das Projekt fort.
[9] Methoden und Materialien, mit denen im Projekt mit den Kindern gearbeitet wurden, stehen auf der Website von FiPP e.V. zum Download (FiPP e.V. – Anti Bias in der Grundschule, Hahn et al. 2011).

innen sowie ausreichend Zeit für eine Selbstreflexion Voraussetzung für ein Gelingen des Projekts sind (vgl. Hahn et al. 2012; Hahn et al. 2010).

4. Vorurteilsbewusste Europabildung

Inwiefern lässt sich nun das Konzept des Anti-Bias-Ansatzes und die Erfahrungen damit in Kita und Grundschule für eine vorurteilsbewusste Europabildung im Sachunterricht der Grundschule ‚fruchtbar' machen?

Vorurteilsbewusstes Lernen setzt zuerst einmal eine reflektierte Haltung bei den Lehrkräften selbst voraus. Ein wichtiger Schritt in Richtung einer diskriminierungskritischen und inklusiven Pädagogik ist, sich als Lehrer/in eigener Stereotype und Vorurteile sowie der eigenen Rolle und Bedeutung bewusst zu sein. Erst dann ist es möglich, die Vielfalt der Hintergründe der Schüler/innen positiv wahrzunehmen, anzuerkennen und sichtbar zu machen sowie an den unterschiedlichen Erfahrungen der Schüler/innen anzusetzen (vgl. Hahn et al. 2012). Bei den Lehrern/innen muss also zunächst die Selbsterkenntnis vorliegen, dass zum Beispiel das eigene Bild vom Alltag der Menschen in Spanien durch Urlaubserfahrungen und entsprechend eine touristische Perspektive geprägt ist oder aber das Bild der Menschen in Griechenland gerade sehr stark durch die Berichterstattung zur Krise in den Medien beeinflusst wird. Erst wenn man sich dieser Bilder bewusst ist, kann man an den verschiedenen Europabildern einzelner Schüler/innen in einer Klasse ansetzen, die sich ebenfalls je nach persönlichem Hintergrund stark unterscheiden können. Entsprechend den Zielen des Anti-Bias-Ansatzes gilt es, 1) ein positives Selbstbild bei den Schüler/innen in der Klasse aufzubauen, 2) den Umgang mit Vielfalt zu fördern, 3) kritisches Denken anzuregen und 4) ihre Handlungsfähigkeit auszubauen. Das bedeutet, dass man – bevor man sich im Unterricht mit dem Alltag von Kindern in anderen Ländern beschäftigt – den Schüler/innen erst einmal Gelegenheit gibt, sich mit der eigenen Identität und Familie zu beschäftigen.

Dazu kann man zum Beispiel mit den von FiPP e.V. erarbeiteten Methoden und Materialien im Unterricht arbeiten. In der Auseinandersetzung mit europäischen Ländern und dem Alltag dort können möglichst unterschiedliche Bilder, Identitäten und Lebensweisen dargestellt werden. Beispielsweise lässt sich thematisieren, dass auch in anderen europäischen Ländern Menschen unterschiedlicher kultureller Wurzeln leben, Einwanderung kein deutsches Phänomen ist sowie Mobilität innerhalb der Europäischen Union gefördert wird. Aufgearbeitet werden könnte dies beispielsweise anhand von Familien mit Migrationsbiographien.

Vielfalt sollte also nicht nur für die kulturelle Vielfalt der Länder in Europa stehen, sondern auch für die innerhalb der Länder und Regionen. Am besten geeignet wäre hierfür natürlich eine Begegnung bzw. ein Austausch mit anderen Kindern. So können die Schüler/innen am besten Gemeinsamkeiten und Unterschiede zum Alltag anderer Kinder entdecken. Dafür gibt es bereits zahlreiche Projektvorschläge und Anregungen (vgl. Büker et al. 2011; Büker 1999, S.206–209 und S.237ff.). Kritisches Denken könnte beispielsweise dadurch gefördert werden, dass man sich unter Lehrenden prüfend und differenziert mit bestehenden Materialien der Europabildung auseinandersetzt und mit den Schüler/innen gemeinsam kulturelle Stereotype hinterfragt. Eine andere Möglichkeit besteht darin, sich mit den Problemen von kultureller Homogenisierung auseinanderzusetzen. Dazu könnte man den Film „Almanya – Willkommen in Deutschland" (2011), in dem sich der Junge Cenk mit der Frage seiner Identität und der seiner Familie auseinandersetzt, in Ausschnitten gemeinsam mit den Schüler/innen anschauen und besprechen. Unterrichtsvorschläge dazu gibt es bisher jedoch nur für die Sekundarstufe 1/2 (vgl. Stiletto 2012, S.68–74; Stiletto 2011) und müssten entsprechend adaptiert werden. Die Handlungsfähigkeit der Schüler/innen zu fördern bedeutet im Anti-Bias-Kontext, Stereotype und Ungleichbehandlung nicht nur zu erkennen, sondern auch dagegen vorzugehen. Gefördert werden könnte dies beispielsweise, indem die Schüler/innen selbst Plakate zur Vielfalt der Lebensweisen und des Alltags von Kindern anderer europäischer Länder entwickeln und diese einseitigen Darstellungen gegenüberstellen. So könnte eine Ausstellung für das Schulgebäude entstehen. Orientieren könnte man sich beispielsweise an der Informationsbroschüre von Kindern für Kinder über Europa in der Stadt, entwickelt durch das Europe-Direct Informationszentrum der Stadt Augsburg (2009).

5. Fazit

In der Grundschule gibt es – entsprechend den Forschungsergebnissen von Raabe und Beelmann (2009 und 2011) – noch die Möglichkeit, durch präventive Maßnahmen eine Veränderung von Vorurteilen zu bewirken, wogegen dies später nur noch sehr schwer erreichbar ist. Es bietet sich daher an, darüber nachzudenken, wie im Rahmen einer Europabildung im Sachunterricht gesellschaftlich verbreiteten Stereotypen und Vorurteilen bereits im Grundschulalter begegnet werden kann. Ziel ist ein sensibler Umgang mit Vorurteilen, indem das Fremde nicht abgewehrt, sondern akzeptiert und besser verstanden wird sowie Differenzen des Einzelnen in der Gemeinschaft wertgeschätzt werden.

Im Vordergrund steht dabei vor allem die Reflexion von Stereotypen und Vorurteilen sowie ihre negativen Auswirkungen für das einzelne Individuum und die Gesellschaft. Das hier vorgestellte Anti-Bias-Konzept gibt Anregungen, wie vorurteilsbewusstes Lernen in der Europabildung des Sachunterrichts umgesetzt werden kann. Grundlegende Voraussetzung dafür ist jedoch, dass man als Lehrer/in bereit ist, selbstkritisch zu hinterfragen, welche eigenen Einstellungen subtil den Unterricht und das eigene Verhalten gegenüber den Schüler/innen beeinflussen. Erst daran anschließend kann man überlegen, wie vorurteilsbewusstes Lernen in der Europabildung im Sachunterricht und auch darüber hinaus im eigenen Unterricht am besten entsprechend der Ideen und Vorschläge des Anti-Bias Ansatzes implementiert werden kann.

Literatur

Ajanovic, Edma/Mayer, Stefanie/Sauer, Birgit (2015): Umkämpfte Räume Antipluralismus in rechtsextremen Diskursen in Österreich, in: OZP – Austrian Journal of Political Science, H. 2, S. 75–85.

Bovha, Cvetka/Kontzi, Nele (2011): Anti-Bias-Ansatz: Vorurteilsbewusstes Miteinander an Berliner Grundschulen, in: Zentralwohlfahrtsstelle der Juden in Deutschland e.V. (Hrsg.): Die Abwertung der Anderen, Frankfurt/M., S. 44–48.

Bovha, Cvetka/Kontzi, Nele (2009): Anti-Bias-Ansatz: Vorurteilsbewusstes Miteinander an Berliner Grundschulen, in: Lange, Dirk/Polat, Ayça (Hrsg.): Unsere Wirklichkeit ist anders, Bonn, S. 296–304.

Büker, Petra (2009): Europäische Bildung im Sachunterricht – Bilanz und Perspektiven für Forschung und Praxis, in: Röhner, Charlotte/Henrichwark, Claudia/Hopf, Michaela (Hrsg.): Europäisierung der Bildung. Konsequenzen und Herausforderungen für die Grundschulpädagogik, Wiesbaden, S. 179–193.

Büker, Petra (2001): Europa – (k)ein Thema für die Grundschule?, in: Grundschule, H. 4, S. 34–38.

Büker, Petra (1998): Erziehung zu europäischer Verständigung in der Grundschule. Bedingungen – didaktische Konkretisierung – Realisationsmöglichkeiten, Frankfurt/M.

Büker, Petra/Malinowski, Anna/Störmer-Langer, Gabriele (2001): „Begeisterung steckt an wie Grippeviren" – ein deutsch-polnisches Literaturprojekt rund um das Kinderbuch „Irgendwie Anders", in: Schmitt, Rudolf (Hrsg.): Grundlegende Bildung in und für Europa, Frankfurt/M., S. 182–195.

Derman-Sparks, Louise (2001): Anti-Bias-Arbeit mit kleinen Kindern in den USA. Übersetzung des Vortrags bei der Fachtagung von Kinderwelten „Kleine Kinder – keine Vorurteile?" in Berlin am 15.3.2001. Online: http://www.situationsansatz.de/files/texte%20ista/fachstelle%20kinderwelten/kiwe%20pdf/Derman-Sparks_Anti-Bias-Arbeit%20in%20den%20USA.pdf, Zugriff am 27.08.2015

Derman-Sparks, Louise/A.B.C. Task Force (1989): Anti-Bias-Curriculum. Tools for EMPOWERING Young Children. National Association for the Education of Young Children, Washington D.C.

Europe-Direct Informationszentrum der Stadt Augsburg (2009): Europa in Augsburg. Von Kindern für Kinder, Augsburg.

FiPP e.V.. Anti-Bias-Arbeit in der Grundschule. Online: http://www.fippev.de/t3/index.php?id=540, Zugriff am 01.09.2015

Gomolla, Mechtild (2007): Wissenschaftliche Begleitung. Kinderwelten. Vorurteilsbewusste Bildung und Erziehung in Kindertageseinrichtungen. Bundesweites Disseminationsprojekt (Baden-Württemberg, Niedersachsen, Thüringen). Oktober 2004 – Dezember 2008. Zwischenbericht, Münster.

Gramelt, Katja (2010): Der Anti-Bias-Ansatz. Zu Konzept und Praxis einer Pädagogik für den Umgang mit (kultureller) Vielfalt, Wiesbaden.

Hahn, Jetti/Kübler, Annette/Kontzi, Nele (2012): Mit dem Anti-Bias-Ansatz die „Rolle vorwärts" wagen!, in: Lernende Schule, H. 60, S. 42 – 45.

Hahn, Jetti/Bitiş, Songül/Wullenkord, Dirk (2011): Wie Vielfalt Schule machen kann. Handreichungen zur Arbeit mit dem Anti-Bias-Ansatz an Grundschulen, Berlin.

Hahn, Jetti/Bitiş, Songül/Wullenkord, Dirk (2010): Starke Kinder machen Schule. Ein Modellprojekt des FiPP e.V. – Fortbildungsinstitut für die pädagogische Praxis, in: RAA Brandenburg, Demokratie und Integration Brandenburg e.V. (Hrsg.): Interkulturelle Beiträge 42. Mehr Vielfalt als gedacht? Erfahrungen mit dem Anti-Bias-Ansatz in der Jugendarbeit, Potsdam, S. 46 – 54.

Hahn, Hans Henning/Hahn, Eva (2004): Nationale Stereotypen. Plädoyer für eine historische Stereotypenforschung, in: Hahn, Hans Henning (Hrsg.): Stereotyp, Identität und Geschichte. Die Funktion von Stereotypen in gesellschaftlichen Diskursen, Frankfurt/M., S. 17 – 56.

Hempel, Marlies (2011): Präkonzepte zu Europa. Welche Vorstellungen verbinden Grundschulkinder mit dem Europabegriff und welche Bedeutung hat Vorwissen für den Lernprozess?, in: Grundschulunterricht Sachunterricht, H. 3, S. 100 – 106.

Kasper, Hildegard/Kullen, Siegfried (1992): Europa für Kinder. Europäisches Lernen in der Grundschule, Frankfurt/M.

Kleffner, Heike (2015): „Es mangelt an der richtigen Bildung". Interview mit Andreas Zick, in: Erziehung und Wissenschaft, H. 5, S. 18 – 19.

Luchtenberg, Sigrid (2004): Die europäische Dimension im Sachunterricht, in: Richter, Dagmar (Hrsg.): Gesellschaftliches und politisches Lernen im Sachunterricht, Bad Heilbrunn, S. 105 – 118.

Piaget, Jean/Weil, Anne-Marie (1951): Die Entwicklung der kindlichen Heimatvorstellung und der Urteile über andere Länder, in: Wacker, Ali (Hrsg.): Die Entwicklung des Gesellschaftsverständnisses bei Kindern, Frankfurt/M., S. 127 – 148.

Raabe, Tobias/Beelmann, Andreas (2011): Development of Ethnic, Racial, and National Prejudice in Childhood and Adolscence: A Multinational Meta-Analysis of Age Differences, in: Child Development, H. 6, S. 1715–1737.

Raabe, Tobias/Beelmann, Andreas (2009): Entwicklungspsychologische Grundlagen, in: Beelmann, Andreas/Jonas, Kai J. (Hrsg.): Diskriminierung und Toleranz, Wiesbaden, S. 113–135.

Schmeinck, Daniela (2009): Europa in der Grundschule – Voraussetzungen, didaktische Konkretisierung und Umsetzungsmöglichkeiten am Beispiel des COMENIUS 2.1 Projekts E-PLIPS – The Implementation of a European Dimension by Peer Learning in Primary School, in: Karlsruher Pädagogische Beiträge, S. 87–115.

Schmidt, Bettina (2009): Den Anti-Bias-Ansatz zur Diskussion stellen. Beitrag zur Klärung theoretischer Grundlagen in der Anti-Bias-Arbeit, Oldenburg.

Schmitt, Rudolf (Hrsg.) (2001): Grundlegende Bildung in und für Europa, Frankfurt/M.

Schmitt, Rudolf (1991): Von klein auf. Europa als Thema für die Grundschule, in: Wege nach Europa. Spuren und Pläne, Hannover, S. 78–83.

Schniotalle, Meike (2003): Räumliche Schülervorstellungen von Europa, Berlin.

Speck-Hamdan (2009): Europäisierung als Perspektive: Die Balance zwischen Einheit und Vielfalt, in: Charlotte Röhner/Henrichwerk, Claudia/Hopf, Michaela (Hrsg.): Europäisierung der Bildung, Wiesbaden, S. 21–29.

Stiletto, Stefan (2012): Almanya – Willkommen in Deutschland, in: Praxis Kinderfilm: „Mutig, mutig!". Materialien für die medienpädagogische Arbeit, Ludwigsfelde-Struvesshof, S. 68–74.

Stiletto, Stefan (2011): Film des Monats: Almanya – Willkommen in Deutschland. Anregungen für den Unterricht, in: Kinofenster, H. 3, S. 10–13.

Thiedke, Mike (2005): Grundschulkinder und Regionalräume. Vom Wissen über die Region zum Wissen für Europa, Bad Heilbrunn.

Wagner, Petra (2007): Vielfalt respektieren, Ausgrenzung widerstehen – Politisches Lernen in der Einwanderungsgesellschaft, in: Dagmar Richter (Hrsg.): Politische Bildung von Anfang an. Demokratie-Lernen in der Grundschule, Bonn, S. 260–274.

Wagner, Petra/Hahn, Stefanie/Enßlin, Ute (Hrsg.) (2006): Macker, Zicke, Trampeltier. Vorurteilsbewusste Bildung und Erziehung in Kindertageseinrichtungen, Weimar.

Zick, Andreas/Küpper, Beate (2014): Anti-europäische Reflexe und menschenfeindliche Abgrenzungen, in: Zick, Andreas/Klein, Anna (Hrsg.): Fragile Mitte – Feinselige Zustände. Rechtsextreme Einstellungen in Deutschland 2014, Bonn, S. 119–138.

Zick, Andreas/Küpper, Beate/Hövermann, Andreas (2011): Die Abwertung der Anderen. Eine europäische Zustandsbeschreibung zur Intoleranz, Vorurteilen und Diskriminierung, Berlin.

ANKE GÖTZMANN

Unterricht mit Concept Maps zur Europäischen Union

1. Einleitung

Concept Maps, im deutschen Sprachraum auch Begriffsnetze oder Begriffslandkarte genannt, visualisieren Zusammenhänge zwischen einzelnen Begriffen (concepts) in Form eines Netzes. Der Einsatz von Concept Maps im Bereich von Unterricht und Forschung ist vielfältig. Sie werden unter anderem als Diagnoseinstrument zur Erfassung von Konzepten von Schüler/-innen eingesetzt. „Ein wesentlicher Vorteil von Concept Maps ist ihr Potenzial zur Repräsentation von Sachstrukturen und den korrespondierenden Wissensstrukturen und Konzeptvorstellungen eines Lernenden" (Ley 2014, S.20). Des Weiteren werden Concept Maps im Rahmen von Lehr-Lernprozessen als instruktionale Unterstützung verwendet. Stracke (2004) sieht ihren Einsatzbereich des Weiteren in der Curriculumsentwicklung und Unterrichtsplanung.

Die wissenschaftliche Auseinandersetzung mit Concept Maps hat in den letzten 15 Jahren deutlich zugenommen (vgl. Nesbit/Adesope 2013), dennoch fehlen genauere Untersuchungen für den Einsatz im Unterricht und zu ihrer Wirksamkeit in der Grundschule (vgl. Nesbit/Adesope 2006, S.434). Nesbit und Adesope formulieren den Anspruch an die Lehrer/-innen folgendermaßen: „The evidence presented in this review should persuade teachers to make extensive, well-planned use of concept mapping activities and preconstructed concept maps. We found no categories or conditions in which concept maps produced significant negative effects (...)" (Nesbit/Adesope 2006, S.434). Der Einsatz von Concept Maps ist als lernförderlich anzusehen. Hattie zählt Concept Mapping zu den effektiven Lehr-Lernstrategien (vgl. Hattie 2009). Concept Maps unterstützen das Lernen insbesondere in sprachintensiven Domänen, wie z.B. auch der Politik (vgl. Fürstenau 2011, S.45).

Trotzdem ist die Methode des Concept Mappings unter Grundschullehrkräften nicht geläufig. Sowohl in Sachunterrichtsmaterialien für Schüler/-innen als auch für Lehrer/-innen finden sich kaum Hinweise auf den möglichen Einsatz von Concept Maps im Unterricht. Für das politische Lernen in der Grundschule fehlen bisher Unterrichtsmaterialien, welche aufgrund ihrer

Strukturierung einen sinnvollen Einsatz von Concept Maps ermöglichen. Damit die Schüler/-innen adäquate Netze erstellen können, müssen innerhalb der Unterrichtsreihe die entsprechenden politischen Fachkonzepte und damit einhergehend die notwendigen Fachbegriffe erarbeitet werden.

Die im Folgenden dargestellte Unterrichtsreihe entstand im Rahmen des Jean-Monnet-Projekts „Unterricht mit Concept Maps über die EU in der Grundschule" und setzt Concept Maps für die Erarbeitung eines Inhaltsfeldes zur Europäischen Union im Sachunterricht ein.

Nachfolgend wird die Auswahl des Inhaltsbereiches der Unterrichtseinheit genauer erläutert.

Die zu erarbeitenden, notwendigen politischen Fachkonzepte und Fachbegriffe des Inhaltsbereiches sind im Kompetenzmodell von Detjen et al. (2012) verortet und werden ebenfalls im Folgenden genauer ausgeführt.

2. Unterrichtsinhalte

Im Fokus der Unterrichtsreihe steht ein Gesetzgebungsverfahren auf europäischer Ebene, das exemplarisch anhand der Richtlinie zur Vereinheitlichung der Ladegeräte von Mobiltelefonen dargestellt wird. Die Unterrichtsmaterialien sind für Schüler/-innen der 4. Klassen geeignet und können auf der Projekthomepage heruntergeladen werden (http://politik.ph-karlsruhe.de/jmp2/home/).

In der Altersgruppe, der 6- bis 19-jährigen verfügen 70 Prozent über ein eigenes Handy, in 94 Prozent aller Familien gibt es mindestens ein Mobiltelefon. Das Gesetzgebungsverfahren trifft somit unmittelbar die Lebenswelt der Schüler/-innen. Die Problematik inkompatibler Ladegeräte zwischen einzelnen Handyherstellern ist den Kindern bekannt. Die Notwendigkeit einer Richtlinie seitens der Europäischen Union ist für die Kinder nachvollziehbar und ersichtlich.

Bereits im Jahre 2009 einigten sich die 14 führenden Handyhersteller in einer freiwilligen Selbstverpflichtung darauf, einheitliche Ladegeräte für Handys einzuführen. Die Mehrheit der Anbieter griff im Folgenden auf EU normierte Micro-USB Anschlüsse zurück, so dass bereits 90 Prozent der Mobiltelefone über kompatible Ladekabel verfügten. Die Selbstverpflichtung lief im Jahre 2012 aus und eine erneute Vereinbarung war seitens der Handyhersteller nicht geplant. Infolgedessen erfolgte 2012 der Gesetzentwurf zur Vereinheitlichung der Ladegerate seitens der Kommission, welche 2014 in einer Verordnung mündete, die 2017 in der Europäischen Union Kraft treten wird. In Deutschland wird die Richtlinie seit dem 4. Juli 2017 durch das Funkanlagengesetz (FuAG) umgesetzt.

Die Materialien zu diesem konkreten Fall der Gesetzgebung mit den beteiligten Akteuren Kommission, Verbände, Ministerrat, Europäisches Parlament konkretisieren den Entscheidungsprozess in der EU und stärken die Kinder in ihrer Rolle als EU-Bürger/-innen. Die Unterrichtseinheit ermöglicht die Vernetzung von abstrakten Fachkenntnissen mit einem aktuellen Gesetzgebungsprozess. Es wird deutlich, dass viele Gesetze nicht mehr in Berlin, sondern in Straßburg und Brüssel erarbeitet werden. Der Gesetzgebungsprozess wird in der Unterrichtseinheit chronologisch mit Originalquellen dargestellt. Die Dauer eines solchen Prozesses kann nachvollzogen werden. Die Verwendung der Fachsprache ist durch den Rückgriff auf originale Texte ebenfalls gewährleistet.

3. Politische Fachsprache im Unterricht

Unterricht soll sich nach Vorstellung der KMK an Kompetenzmodellen orientieren. Für den Sachunterricht kann hierfür der „Perspektivrahmen Sachunterricht" (2013) der „Gesellschaft der Didaktik des Sachunterrichts" (GDSU) herangezogen werden. Die sozialwissenschaftliche Perspektive des Perspektivrahmens übernimmt das Kompetenzmodell von Detjen, Massing, Weißeno und Richter (Weißeno et al. 2010; Detjen et al. 2012). Die Konstruktion der Materialien erfolgte auf der Grundlage des theoretischen Konstrukts dieses Kompetenzmodells und der dort angegebenen Fachbegriffe.

Der Perspektivrahmen Sachunterricht führt zu einer Neuorientierung des Sachunterrichts auch im Bereich der Unterrichtsplanung und -durchführung. Ziel des politischen Lernens ist der Aufbau von politischen Konzepten. Politische Fachbegriffe fördern den Wissensaufbau. Der Perspektivrahmen verortet den Beginn der Entwicklung der fachsprachlichen Kultur bereits in der Grundschule (vgl. GDSU 2013, S.11). „Die Teilhabe und Mitwirkung am Leben in der Gesellschaft erfordert Kommunikationsfähigkeiten, zu denen wesentlich soziale, politische und ökonomische Handlungs- und Urteilsfähigkeit gehören. Die individuelle Sprachbildung durch das Argumentieren oder das Verstehen anderer Standpunkte ist hierbei ein wesentliches Element" (GDSU 2013, S.30).

Allen Unterrichtsfächern liegt eine spezifische Fachsprache zugrunde, welche die Inhalte präziser und elaborierter beschreibt als es durch die

Alltagssprache möglich ist. Die Aufgabe des Unterrichts ist es, die Fachsprache zu vermitteln und den Umgang mit Fachbegriffen einzuüben. Hierzu ist es notwendig, Fachbegriffe kontinuierlich und immer wieder in verschiedenen Kontexten einzusetzen und zu wiederholen. Die Schüler/-innen müssen die notwendigen Begrifflichkeiten einer Fachsprache Politik erwerben, um sich adäquat ausdrücken zu können. Die Verwendung und das Erlernen der Fachbegriffe dienen dem Kompetenzaufbau und sind nicht im Sinne eines Wörter- oder Vokabellernens zu verstehen.

Die Organisation des Wissens in Konzepten ermöglicht eine leichtere Abrufbarkeit der Wissensinhalte. Je häufiger Wissensinhalte innerhalb einer Anforderungssituation abgerufen werden, desto leichter können sie verifiziert werden (vgl. Anderson 2001, S.155 f). Für das Verständnis politischer Phänomene ist konzeptuelles Strukturwissen notwendig (vgl. Detjen et al. 2012, S.29). Während im Kindergartenalter Wissen noch verstärkt als Faktenwissen vorliegt, beginnt bei Grundschüler/-innen der Kompetenzaufbau. Sie entwickeln bereits Konzepte zu politischen Phänomenen. Ziel des Unterrichts muss die Strukturierung des konzeptionellen Wissens sein. Lernende müssen systematisches und zugleich flexibles Wissen erwerben und kohärente Strukturen aufbauen, welche die politische Wirklichkeit modellhaft repräsentieren. Vernetztes Wissen ermöglicht das Einschätzen von unbekannten politischen Situationen. Die entwickelten Strukturen bilden das fachliche Gerüst für die Einschätzung politischer Situationen wie beispielsweise der Tagespolitik. Auch wenn sich die Tagespolitik ändert, das in der Schule erworbene fachliche Gerüst sichert die adäquate Einschätzung der Vorgänge. Besonders Concept Maps sind geeignet, Zusammenhänge und Verknüpfungen zu visualisieren.

Die Fachbegriffe der dargestellten Unterrichtseinheit beziehen sich auf das Modell des Politikwissens (Weißeno et al. 2010; GDSU 2013). Dort sind sie inhaltlich ausführlich beschrieben. Wesentliche Fachbegriffe der Unterrichtseinheit sind in Abbildung 1 dargestellt und entsprechend der Häufigkeit ihrer Verwendung aufgeführt.

	Unterrichtsstunde						Summe der Nennungen
	1	2	3	4	5	6	
(Europäische) Kommission	6	3	18	2	/	2	31
Kommissar	2	1	8	/	/	1	12
Präsident	3	/	/	2	1	/	6
Umwelt	1	5	/	/	/	/	6
Ministerrat	/	1	1	1	/	14	17
Europäisches Parlament	1	6	5	18	1	8	9
Abgeordnete	1	3	/	7	1	2	14
Gesetz	2	8	9	7	1	5	32
(Kommissions-) Präsident	1	/	2	7	/	2	12
(Mitglied-) Staat	/	/	2	1	1	4	9
Abstimmung/ abstimmen	/	0	2	3	/	3	8
Wahl/wählen	/	/	1	4	1	1	7
Konsument	/	7	1	/	/	1	9
Parteien	/	1	/	4	/	2	7
Fraktion	/	/	/	3	/	1	4
Interessen	/	0	1	2	/	1	4

Abbildung 1: Häufigkeit und Verteilung der verwendeten Fachbegriffe der Unterrichtseinheit

Erst durch das regelmäßige Gebrauchen und Wiederholen der Fachbegriffe in Anwendungssituationen kann es den Schüler/-innen gelingen, Fachkonzepte aufzubauen und diese miteinander zu verknüpfen. Wichtig ist hierbei die Verwendung der Fachsprache in den eingesetzten Unterrichtsmaterialien und in den Aufgaben, wie Abbildung 2 exemplarisch zeigt. Die Fachbegriffe sind unterstrichen. Gleichfalls relevant ist die Verwendung der Fachsprache seitens der Lehrperson in Unterrichtsgesprächen.

Im Rahmen der Verwendung von Concept Maps sind die Fachbegriffe von großer Relevanz, da sie zur Netzbildung herangezogen werden.

> „Frau Präsidentin, meine sehr verehrten Damen und Herren Abgeordnete!
> Ich bin froh darüber, die Mitglieder des Europäischen Parlaments darüber informieren zu können, dass es tatsächlich Fortschritte gibt.
> Ich habe konkrete Schritte unternommen, um die Industrie dazu zu bewegen, ein einheitliches Ladegerät auf den Markt zu bringen. Die Hersteller haben angekündigt, dass ab 2012 die meisten neuen Handys mit einem einzigen Ladegerät versorgt werden können.
> Das ist gut, reicht aber nicht! Die Kommission möchte eine Verpflichtung der Industrie, dass sie das tut. Diese Verpflichtung soll von den großen Herstellern von Mobiltelefonen unterschrieben werden und sicherstellen, dass jedes Ladegerät fähig ist, jedes Mobiltelefon zu laden.
> Die Kommission wird nicht zögern, einen Gesetzesvorschlag zu machen, wenn die Industrie nicht zu einer freiwilligen Einigung kommt."

Günter Verheugen, Vizepräsident der Kommission

(Bearbeitete Auszüge aus der Plenardebatte des Europäischen Parlaments am 24.03.2009)

Abbildung 2: Verwendung der Fachsprache im Unterrichtsmaterial

4. Concept Maps

Concept Maps zählen zu den kognitiv aktivierenden Unterrichtsmethoden, deren positive Effekte auf die Lernleistung der Schüler/-innen nachgewiesen sind. (vgl. Nesbit/Adesope 2006). Nesbit und Adesope nehmen an, dass insbesondere Kinder mit schlechter ausgeprägten verbalen Fähigkeiten vom Einsatz der Concept Maps profitieren. Während Concept Maps in naturwissenschaftlichen Fächern im Unterricht verwendet werden (vgl. Hardy/Stadlhofer 2006), ist dies im sozialwissenschaftlichen Fächern im Allgemeinen sowie im Sachunterricht der Grundschule noch selten der Fall.

„Unter Concept Maps versteht man zweidimensionale Strukturdarstellungen von Wissen oder Informationen in Form eines Netzwerkes" (Fürstenau

2011, S.46). Concept Maps verknüpfen Begriffe (sog. Knoten) mittels Relationen (meist Verben, Adjektive oder Konjunktionen) miteinander. Die Verknüpfungen werden in graphischer Form durch gerichtete Pfeile dargestellt. Zwei miteinander durch eine Relation verbundene Begriffe bilden eine Proposition und somit die kleinste Sinneinheit eines Concept Maps. Propositionen können auf ihren Wahrheitsgehalt hin überprüfen werden (vgl. Ruiz-Primo/Shavelson 1996, S.570).

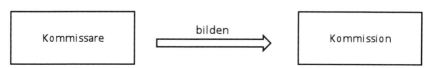

Abbildung 3: Proposition eines Concept Maps zur Kommission

Die bekannteren Mindmaps unterscheiden sich von den Concept Maps durch das Fehlen der Relationen. Mindmaps stellen Verknüpfungen dar, diese sind jedoch ungerichtet und nicht genauer definiert. Während Concept Maps für andere Personen eindeutig lesbar sind, ist dies bei Mindmaps nicht zwingend der Fall. Der Bedeutungszusammenhang zwischen den Begriffen kann individuell und somit für andere nicht nachvollziehbar sein (vgl. Dunker 2010, S.18)

Richter (2009 und 2015) untersucht die Verwendung von Concept Maps im Bereich des politischen Lernens in der Grundschule. Sie zeigt auf, dass Concept Maps auch für Grundschüler/-innen eine geeignete Lernmethode darstellen, wobei ein positiver Effekt allen kognitiv aktivierenden Methoden zugeschrieben werden. Weißeno und Götzmann (2016) konnten diesen Zusammenhang auch für die vorliegende Unterrichtsreihe zeigen.

Für den Einsatz im Unterricht zum Gesetzgebungsprozess in der EU stellt sich die Frage, welche Funktionen Concept Maps in diesem Zusammenhang erfüllen sollen. Aus Schülerperspektive ermöglichen sie, im Sinne einer Lernstrategie, die Strukturierung und Organisation des neu erworbenen Wissens. Die Erstellung der Concept Maps erfolgt in Einzelarbeit, so dass jedes Kind ein individuelles Netz entwickelt. Der Vergleich der verschiedenen Lösungen führt zur Auseinandersetzung mit den zugrundeliegenden Konzepten. Der Einsatz von Referenznetzen durch die Lehrerperson im Sinne eines Advance Organizers ist möglich, die notwendigen Unterlagen sind in den Unterrichtsmaterialien vorhanden. Die Lehrer/-innen können, im Sinne eines Diagnoseinstrumentes, mittels der individuell erstellten Netze, den Wissensaufbau diagnostizieren und helfend Rückmeldung geben. Eine Bewertung der Concept Maps durch den Lehrer innerhalb der Einheit ist nicht vorgesehen.

Im Fokus steht die Selbstkonstruktion der Netze durch die Schüler/-innen. Sie erfordert eine genauere Überlegung hinsichtlich der Strukturierung der Materialien zur Erstellung des Netzes. Eine vollkommen freie Herangehensweise, bei der die Schüler/-innen Knoten und Relationen eigenständig entwickeln und ihre Informationen hierzu aus den Unterrichtsmaterialien beziehen, ist für die Grundschule im Anforderungsniveau noch zu hoch. Jüngst und Strittmatter (1995) weisen darauf hin, dass die notwendige Sicherheit und Vertrautheit mit dem Mapping-Verfahren bei dieser Art der freien und eigenständigen Selbstkonstruktion erst nach zehn bis fünfzehn Anwendungen vorhanden ist.

In der Forschung werden verschiedene Formen der Aufgabenstellung bei der Erstellung von Concept Maps aufgeführt. So sind Lückenmaps, in denen die wichtigsten Relationen oder Knoten ergänzt werden, möglich. Eine weitere Alternative ist die Korrektur von vorgegebenen, fehlerhaften Maps. Fehlermaps erscheinen geeignet zu sein, die Struktur vorhandener Konzepte zu überprüfen und erscheinen am Ende einer Einheit sinnvoll. Zur Unterstützung des Aufbaus politischer Konzepte sind sie nicht geeignet.

In der beschriebenen Unterrichtsreihe erhalten die Kinder nach der Erarbeitung der Position und der Funktion eines politischen Akteurs innerhalb des EU-Gesetzgebungsprozesses vorgegebene Begriffe und Relationen, die sie zu Propositionen verbinden sollen. Durch die Vorgabe von Knoten und Relationen entfällt das Exzerpieren aus den Unterrichtsmaterialien. Die Ergänzung durch weitere Knoten und Relationen ist den Schüler/-innen freigestellt. Solche angeleiteten Concept Maps unterstützen nachhaltiges Lernen durch strukturierte Aufgabenstellungen, die mit Hilfe der vorab bereitgestellten Informationen gelöst werden können. Die in dieser Unterrichtseinheit verwendeten Knoten der zu erstellenden Netze, entsprechen den politischen Fachkonzepten (vgl. Abb. 1), welche in den vorangehenden Unterrichtsstunden inhaltlich erarbeitet werden.

Die Schüler/-innen erstellen während der Unterrichtseinheit mehrere Concept Maps zu den jeweiligen Akteuren im Gesetzgebungsprozess. Gemeinsam ist jeder Concept Map-Vorlage, der Fachbegriff „Gesetze" in der Mitte. Die zu erstellenden Concept Maps werden im Laufe der Unterrichtsreihe komplexer. So stehen für die erste zu erstellende politische Concept Map zur Kommission vier Begriffe mit vier Relationen zur Auswahl. Im Lehrermaterial wird ein mögliches Referenznetz aufgezeigt (Abb. 4), welches alle inhaltlich korrekten

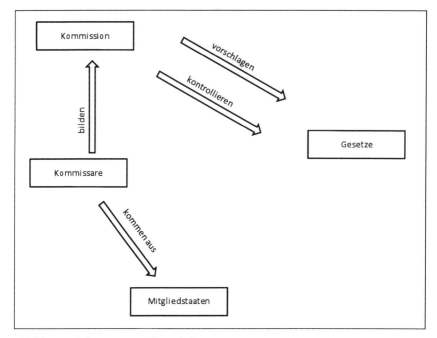

Abbildung 4: Referenznetz zur Kommission

Propositionen abbildet und das von Experten entwickelt wurde. Deutlich wird hier die Verwendung der politischen Fachbegriffe als Knoten des Concept Maps. Die Verknüpfungen und Zusammenhänge der Fachbegriffe- und Konzepte können aufgezeigt werden. Die Fachbegriffe werden in der Unterrichtseinheit mit Inhalten gefüllt.

Die folgenden Beispiele zeigen Concept Maps, welche am Ende der Unterrichtsstunde zur Bedeutung der Kommission im Gesetzgebungsprozess erstellt wurden. Hierbei handelt es sich um die ersten Concept Maps, welche die Kinder eigenständig erarbeitet haben.

In der Concept Map der Abbildung 5 sind bereits alle Relationen beschriftet und gerichtet. Entgegen dem Referenznetz ist hier die Proposition „Kommission – kontrollieren – Mitgliedsstaaten" vorhanden. Diese Proposition wurde auch von weiteren Kindern ergänzt. Die Schüler/-innen begründeten dies damit, dass die Kommission die Mitgliedsstaaten bezüglich der Einhaltung der Gesetze kontrolliere. Dieser Dreischritt hätte eine weitere Relation erfordert, die von den Kindern selbst nicht eingezeichnet wurde.

Dieses Beispiel zeigt, dass das Prinzip des Concept Mappings hier verstanden wurde. Das Niveau, auf welchem die Kinder die Concept Maps bilden, ist unterschiedlich. Es ist nicht zu erwarten, dass es bereits allen Kindern mit der ersten Concept Map gelingt, die Proposition richtig zu bilden.

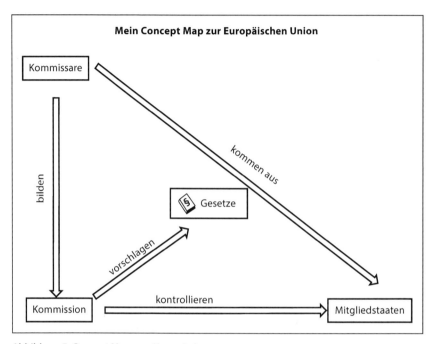

Abbildung 5: Concept Maps zur Kommission

Abbildung 6 zeigt eine weitere Schüler-Concept Map, die sich deutlich von der vorangegangen unterscheidet. In der Darstellung werden zwar alle vorgegebenen Relationen verwendet. Es befinden sich jedoch noch unbeschriftete (Mitgliedstaaten – Kommissare) und ungerichtete (Kommission – kontrollieren – Mitgliedstaaten) Relationen in der Concept Map. Sie wird um einen weiteren Knoten (Brüssel) ergänzt, der auch bei anderen Kindern statt des Knotens „Mitgliedstaaten" herangezogen wird. Dies zeigt, das Bemühen der Kinder, die Zusammenhänge zu beschreiben und darzustellen.

Lediglich die Proposition „Kommission – schlagen vor – Gesetze" entsprechen den Inhalten des Referenznetzes. Kommission und Kommissare werden in dieser Map nicht in einen Zusammenhang gebracht. Der Zusammenhang, dass die Kommissare aus den Mitgliedstaaten stammen, wird nicht dargestellt.

Stattdessen werden sie mit ihrem Amtssitz verknüpft. Das Fehlkonzept, dass die Mitgliedstaaten die Gesetze „bilden", lässt sich in der Map erkennen. Das Herstellen und Aufzeigen von Zusammenhängen ist für Grundschüler/-innen nicht einfach. Aussagen, worauf diese Fehlkonzepte beruhen, können mit den Concept Maps nicht getroffen werden. Es ist nicht ersichtlich, ob lediglich die Proposition noch nicht erstellt werden konnte oder ob die Kinder über ein Misskonzept zu Gesetzen oder der Kommission verfügen. Damit den Schüler/-innen die Möglichkeit zur Weiterentwicklung und Ausdifferenzierung gegeben werden kann, ist es wichtig, dass die Concept Maps auch von den Lehrkräften als Analyseinstrument herangezogen werden und die Schüler/-innen hierzu Rückmeldungen erhalten.

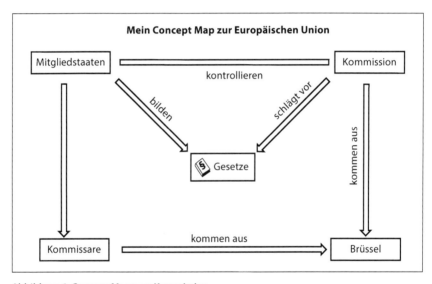

Abbildung 6: Concept Maps zur Kommission

Im Verlauf der Unterrichtsreihe werden weitere Concept Maps zum Europäischen Parlament und dem Ministerrat erstellt. Bereits erarbeitete Fachbegriffe der vorangegangen Unterrichtsstunden und den daraus resultierenden Concept Maps stehen den Kindern für die Erstellung der weiteren Netze zur Verfügung; sie können, müssen aber noch nicht mit einbezogen werden. Die Schüler/-innen erhalten für die abschließende Concept Map am Ende der Unterrichtsreihe bis zu 10 Begriffe und entsprechende Verben oder Adjektive für die Relationen zu den jeweiligen Themen. Anschließend erstellen sie eigenständig ein Netz, das den Gesetzgebungsprozess der Europäischen Union umfasst (vgl. Abb. 7).

Die Netze am Ende der Unterrichtsreihe fallen, entsprechend dem Konzept der Kinder, unterschiedlich differenziert und elaboriert aus.

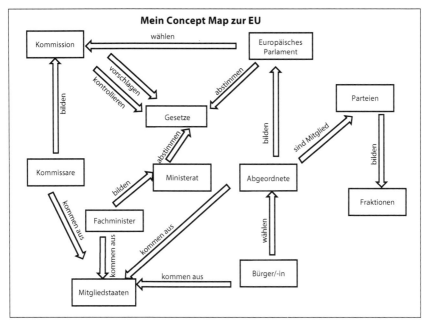

Abbildung 7: Schüler-Concept Maps am Ende der Unterrichtsreihe

5. Fazit

Concept Maps ermöglichen in der hier dargestellten Unterrichtseinheit, die fachlichen Zusammenhänge der EU darzustellen und zu strukturieren. Besonders für Kinder mit geringer ausgeprägten verbalen und schriftlichen Fähigkeiten besteht so die Möglichkeit, die Zusammenhänge darzustellen, ohne diese in Textform bringen zu müssen. Dieser Ansatz unterstützt den Wissensaufbau, indem durch die natürlich-sprachliche Rekonstruktion der unterrichtlichen Inhalte in Concept Maps die Auseinandersetzung mit Prozessen der Politik altersgerecht ermöglicht wird. Auch wenn das Zusammenwirken der europäischen Institutionen erst einmal komplex erscheint, so kann es doch mit der Methode der Concept Maps für Grundschüler/-innen leichter zugänglich gemacht werden.

Literatur

Anderson, John Robert (2001): Kognitive Psychologie, 3. Auflage, Heidelberg.

Detjen, Joachim/Massing, Peter/Richter, Dagmar/Weißeno, Georg (2012): Politikkompetenz – ein Modell für den Unterricht, Schwalbach/Ts.

Dunker, Nina (2010): Concept Mapping im Naturwissenschaftlichen Sachunterricht. Didaktische Rekonstruktion des Lerngegenstandes Feuer und Verbrennungsprozesse, Oldenburg.

Fürstenau, Bärbel (2011): Concept Maps im Lehr-Lern-Kontext, in: DIE Zeitschrift für Erwachsenenbildung, H. 1, S. 46–48.

Gesellschaft für Didaktik des Sachunterrichts (GDSU) (2013): Perspektivrahmen Sachunterricht, Bad Heilbrunn.

Hardy, Ilonca/Stadelhofer, Beate (2006): Concept Maps wirkungsvoll als Strukturierungshilfen einsetzen. Welche Rolle spielt die Selbstkonstruktion?, in: Zeitschrift für Pädagogische Psychologie, H. 3, S. 175–187.

Hattie, John (2009): Visible Learning. A Synthesis of over 800 Meta-Analyses relating to Achievement, New York.

Jüngst, Karl Ludwig/Strittmatter, Peter (1995): Wissensstrukturdarstellungen: Theoretische Ansätze und praktische Relevanz, in: Unterrichtswissenschaft, S. 194–204.

Ley, Siv Ling (2015): Concept Maps als Diagnoseinstrument im Physikunterricht und deren Auswirkung auf die Diagnosegenauigkeit von Physiklehrkräften, Duisburg, Essen. http://nbn-resolving.org/urn:nbn:de:hbz:464-20150422-133443-9.

Nesbit, John C./Adesope, Olusola O. (2006): Learning with concept and knowledge maps: A meta-analysis, in: Review of Educational Research, H. 3, S. 413–448.

Nesbit John C./Adesope, Olusola O. (2013): Concept maps for learning. Theory, Research, and Design, in: Schraw, Gregory/McCrudden, Matthew T./Robinson, Daniel (Hrsg): Learning Through Visual Displays, Charlotte, S. 303–328.

Richter, Dagmar/Gottfried, Lara (2012): Politisches Lernen mit und ohne Concept Maps bei Viertklässlern. Zusammenhänge mit verbalen Fähigkeiten und Migrationshintergrund?, in: Juchler, Ingo (Hrsg.): Unterrichtsleitbilder in der politischen Bildung, Schwalbach/Ts., S. 153–165.

Richter, Dagmar (2015): Politisches Lernen mit und ohne Concept Maps bei Viertklässlern – eine Interventionsstudie, in: Weißeno, Georg/Schelle, Carla (Hrsg.): Empirische Forschung in gesellschaftswissenschaftlichen Fachdidaktiken, Wiesbaden, S. 37–51.

Ruiz-Primo, Maria Araceli/Shavelson, Richard J. (1996): Problems and Issues in the Use of Conept Maps in Science Assessment, in: Journal of Research in Science Teaching, H. 6, S. 569–600.

Stracke, Iris (2004): Einsatz computerbasierter Concept Maps zur Wissensdiagnose in der Chemie. Empirische Untersuchungen am Beispiel des Chemischen Gleichgewichts, Münster.

Weißeno, Georg/Detjen, Joachim/Juchler, Ingo/Massing, Peter/Richter, Dagmar (2010): Konzepte der Politik – ein Kompetenzmodell, Bonn.

Weißeno, Georg/Götzmann, Anke/Weißeno, Simon (2016): Politisches Wissen und Selbstkonzept von Grundschüler/-innen, in: transfer Forschung < > Schule, H. 2, S. 162–172.

Verzeichnis der Autorinnen und Autoren

SIMONE ABENDSCHÖN, Institut für Politikwissenschaft, Justus-Liebig-Universität Gießen

KLAUS DETTERBECK, Institut für Politikwissenschaft, Georg-August-Universität Göttingen

JULIA KRISTIN DÖRNER, Graduiertenkolleg „Inklusive Bildung", Katholische Universität Eichstätt-Ingolstadt

ANNE FUCHS, Lehramts-Referendarin, Rheinland-Pfalz

UWE GERHARD, Institut für Schulpädagogik, Justus-Liebig-Universität Gießen

SUSANN GESSNER, Institut für Schulpädagogik, Justus-Liebig-Universität Gießen

EVA-MARIA GOLL, Institut für Didaktik integrativer Fächer, Technische Universität Dortmund

THOMAS GOLL, Institut für Didaktik integrativer Fächer, Technische Universität Dortmund

ANKE GÖTZMANN, Institut für Politikwissenschaft, Pädagogische Hochschule Karlsruhe

INKEN HELDT, Institut für Didaktik der Demokratie, Leibniz-Universität Hannover

STEFAN IMMERFALL, Institut für Humanwissenschaften, Pädagogische Hochschule Schwäbisch Gmünd

SVEN IVENS, Institut für Politikwissenschaft, Georg-August-Universität Göttingen

STEFANIE KESSLER, Institut für Politikwissenschaft, Friedrich-Schiller-Universität Jena

JOHANNA LEUNIG, Institut für Politikwissenschaft, Georg-August-Universität Göttingen

MONIKA OBERLE, Institut für Politikwissenschaft, Georg-August-Universität Göttingen

HELMAR SCHÖNE, Institut für Gesellschaftswissenschaften, Pädagogische Hochschule Schwäbisch Gmünd

JETTE STOCKHAUSEN, Institut für Politikwissenschaft, Philipps-Universität Marburg

MARKUS TAUSENDPFUND, Fakultät für Kultur- und Sozialwissenschaften, FernUniversität in Hagen

GEORG WEISSENO, Institut für Politikwissenschaft, Pädagogische Hochschule Karlsruhe

Geschichte unterrichten

Regine Gabriel (Hg.)

„Es war sehr schön und auch sehr traurig"

Frühes Geschichtslernen an NS-Gedenkstätten für Kinder von 8–12 Jahren

Beispiele und Erfahrungen

In diesem Band stellen Pädagoginnen aus vier NS-Gedenkstätten ihre Arbeit mit Kindern zwischen acht und zwölf Jahren vor Ort vor. Die praxisbezogenen Beiträge werden in den fachdidaktischen Diskurs über die pädagogische Arbeit am Thema Nationalsozialismus in dieser Altersgruppe eingebettet.

Das Buch richtet sich an Lehrer*innen, Gedenkstättenpädagog*innen oder auch Mitarbeiter*innen in der offenen Kinder- und Jugendarbeit. Sie sollen angeregt werden, auch mit jungen Kindern das Thema Nationalsozialismus mit einem Besuch einer Gedenkstätte offensiv und mutig anzugehen.

ISBN 978-3-7344-0676-8, 144 S., € 14,90
Subskriptionspreis bis 30.9.2018: € 11,90
E-Book ISBN 978-3-7344-0677-5 (PDF), € 11,90

Unter Mitarbeit von

Ramona Dehoff, Regine Gabriel, Hildegard Jakobs, Barbara Kirschbaum, Rita Rohrbach, Martina Ruppert-Kelly und Anna Schlieck

www.wochenschau-verlag.de www.facebook.com/wochenschau.verlag @wochenschau-ver

debus PÄDAGOGIK

Frank Müller

Methodenbuch Differenzierung

Alltäglicher Umgang mit Heterogenität 1

Unterricht differenziert zu gestalten, ist eine der wesentlichen Forderungen, die heutzutage an Lehrkräfte gerichtet werden. Geeignete Hilfestellungen erhalten die Lehrerinnen und Lehrer kaum. Sie benötigen aber praktische Hilfen, Beispiele und Vorlagen sowie Methoden, die sofort im Unterricht umgesetzt werden können. Die vielen praxisnahen und alltagstauglichen Beispiele in diesem Buch nehmen den Lehrkräften die Angst und befähigen sie, mit schnellen und einfachen Mitteln, Differenzierungswege zu beschreiten.

Buch: ISBN 978-3-95414-026-8, 160 S., DIN-A4, € 24,80
CD (Kopiervorlagen): ISBN 978-3-95414-027-5, € 14,80
Paket (Buch und CD): ISBN 978-3-95414-028-2, € 32,00

Ideenpool Differenzierung

Alltäglicher Umgang mit Heterogenität 2

Differenzierung, Umgang mit Heterogenität, individuelle Förderung – unter diesen Schlagworten lässt sich die heutige schulpädagogische Diskussion fassen. Dieser praxisorientierte Grundschulband bietet nicht nur eine kurze Begriffsklärung und theoretische Untermauerung, sondern einem randvollen Pool mit handfesten Anregungen, Beispielen, Tipps: Hier finden Sie schnell ein- und umsetzbare Handlungsanleitungen und Vorlagen. Und nicht zuletzt wird geklärt, wie ein Kollegium mit Differenzierung beginnen kann: ohne Umwege und Sackgassen.

Buch: ISBN 978-3-95414-029-9, 160 S., DIN-A4,€ 24,80
CD (Kopiervorlagen): ISBN 978-3-95414-030-5, € 14,80
Paket (Buch und CD): ISBN 978-3-95414-031-2, € 32,00

Frank Müller

Differenzierung in heterogenen Lerngruppen

Praxisband für die Sekundarstufe I

Buch: ISBN 978-3-95414000-8, 200 S., DIN-A4, € 28,00
CD (Kopiervorlagen): ISBN 978-3-95414001-5, € 14,80
Paket (Buch und CD): ISBN 978-3-95414003-9, € 34,80

debus PÄDAGOGIK

Adolf-Damaschke-Str. 10, 65824 Schwalbach/Ts.
Tel.: 06196/86065, Fax: 06196/86060
info@debus-paedagogik.de
www.debus-paedagogik.de